AF156000

Lesebuch 3

erarbeitet von
Katharina Berg, Gerburg Kirsch, Heike Oberstadt,
Claudia Stiebritz, Monika Wilhelmi-Zäh

westermann

Inhaltsverzeichnis

Ich allein und wir zusammen

Aus einem alten Poesiealbum

Willst du glücklich sein im Leben,
trage bei zu andrer Glück
denn die Freude, die wir geben,
kehrt ins eigne Herz zurück.

Wenn man sich von den Bergen entfernt,
so erblickt man sie erst recht in ihrer wahren Gestalt;
so ist es auch mit den Freunden.

Hans Christian Andersen

Man erwirbt keine Freunde,
man erkennt sie.

Wilhelm Busch

Dass ich dir neu noch bin, ist einerlei.
Ein jeder alte Freund war einmal neu.
Nur darauf schau den neuen Freund gut an,
ob einst aus ihm ein alter werden kann.

Martial

In dein Album soll ich schreiben?
Ach, ich weiß so recht nicht was!
„Wir woll'n gute Freunde bleiben",
schreibe ich. „Gefällt dir das?"

Dein Freundebuch

Mein Name: _Nicolas Berg_

Meine Adresse: _Marienstraße 48_
12534 Werder

Mein Geburtstag: _07.01.2001_

Mein Sternzeichen: _Steinbock_

Meine Haarfarbe: _schwarz_

Meine Augenfarbe: _dunkelbraun_

Mein Lieblingslehrer: _Herr Warthuysen_

Meine Lieblingsfächer: _Sport und_
Kunst.

Meine Lieblingstiere: _Delfine und Hunde_

Meine Hobbys _Inliner fahren, Computerspiele, schwimmen, Fußball spielen_

Ich möchte einmal: _ein großer Rockstar werden und ganz reich sein_

Das mag ich besonders: _wenn Mama mir vorliest, Tore schießen_

Das mag ich gar nicht: _petzen, wenn Papa mit mir schimpft_

Das wünsche ich dir:
dass du immer mein bester Freund bleibst
und glücklich wirst
und dass Lea dich auch mag

Pauline

Wenn Pauline Hunger hat, dann sagt sie:
Ich habe Hunger.
Wenn Pauline Durst hat, dann sagt sie:
Ich habe Durst.
5 Wenn Pauline Bauchweh hat, dann sagt sie:
Ich habe Bauchweh.
Dann bekommt sie zu essen,
zu trinken und auch
eine Wärmflasche auf den Bauch.
10 Und wenn Pauline Angst hat,
dann sagt sie nichts.
Und wenn Pauline traurig ist,
dann sagt sie nichts.
Und wenn Pauline böse ist,
15 dann sagt sie nichts.
Niemand weiß,
warum Pauline Angst hat.
Niemand weiß,
warum Pauline traurig ist.
20 Niemand weiß,
warum Pauline böse ist.
Niemand kann Pauline verstehen
und niemand kann Pauline helfen,
weil Pauline
25 nicht über Pauline spricht.

Marianne Kreft

Weil ich bin

Ich atme ein, ich atme aus,
die Luft geht rein, die Luft geht raus.

Ich gehe vorwärts, Schritt für Schritt,
ein Fuß geht mit dem andern mit.

Ich denke leise, so für mich:
Weil ich ich bin, bin ich ich.

Helmut Glatz

Zufall

Wenn statt mir jemand anderer
auf die Welt gekommen wär.
Vielleicht meine Schwester
oder mein Bruder
5   oder irgendein fremdes blödes Luder –
wie wär die Welt dann
ohne mich?
Und wo wäre denn dann ich?
Und würd' mich irgendwer vermissen?
10 Es tät ja keiner von mir wissen.
Statt mir wäre hier ein ganz anderes Kind,
würde bei meinen Eltern leben
und hätte mein ganzes Spielzeug im Spind.
Ja, sie hätten ihm sogar
15 meinen Namen gegeben!

Martin Auer

Montag

Mona kommt auf mich zu.
Sie sagt: „Stell dich auf den Kopf!" Ich lüge nicht.
„Stell dich drei Stunden auf den Kopf! Jetzt!", sagt sie.
Ich tue, was sie sagt.
5 Ich will keinen Schlag auf mein anderes Auge.
Ich stelle mich auf den Kopf.
Die Lehrerin sieht, was ich tue.
Der Lehrer schaut auch her.
Sie merken nichts.
10 Es sieht aus,
als wäre es ein Spiel zwischen Mona und mir.
Aber es ist kein Spiel.
Meine Tränen sehen sie nicht. Ich höre nicht auf zu weinen.
Egal, was Da und Sam sagen. Ich weine einfach weiter.
15 Mona lacht mich aus.
„Auf dem Kopf stehen und weinen!", ruft sie.
Da und Sam halten sich zurück.
Sie könnten Mona schlagen.
Aber sie tun es nicht.
20 Sie haben eine Todesangst vor Mona.
Mona brüllt vor Lachen.
Sie achtet nicht auf mich.
Das ist dumm von ihr.
Mein Blut fließt nach unten.
25 Die Milch vom Frühstück auch.
Die Milch fließt in meinen Kopf.
Mein Gehirn wird stark.
Es bekommt Muskeln.
Es geht von allein.
30 Plötzlich habe ich eine schlaue Idee.
„Erschreckt nicht!", sage ich leise
zu Da und Sam.
„Halt den Mund!", kreischt Mona.
Ich schaue sie an.

35 Von unten nach oben. Ich mache den Mund auf.

Sie denkt: Die wird gleich was sagen. Sie beugt sich schon vor.

Aber ich sage nichts.

Ich bin schlauer als meine Faust. Ich stöhne. Ich werde rot.

Meine Zunge hängt aus dem Mund. Ich mache

40 ein seltsames Geräusch. Ich zapple mit den Füßen.

„Chchch", kommt es aus meinem Mund.

Dann falle ich um.

Da und Sam erschrecken, aber nicht echt.

Sie wissen, dass ich nur so tue als ob.

45 Sie schreien sehr laut.

„Oh nein!", brüllen sie.

„Marta stirbt. Und du hast es getan!"

Sofort weiß es die ganze Schule. Dass ich sterbe.

Nein, dass ich tot bin. Und dass Mona es getan hat.

50 Der ganze Schulhof ist in Aufruhr. Eine Lehrerin kommt.

Und noch eine. Und der Lehrer.

„Marta! Marta!", ruft Da. Aber ich bleibe tot.

So schlau bin ich schon.

Ich werde nicht lebendig, solange Mona dabei ist. Ich liege still.

55 Das geht ganz leicht.

Mona ist starr vor Schreck. Eine Lehrerin nimmt sie mit.

„Komm, Mona!", sagt sie. „Jetzt erzähl mir alles!"

„Zur Seite!", sagt eine andere Lehrerin. „Marta braucht Luft!"

Ich mache mein gutes Auge auf. Ich kratze mich am Ohr.

60 Als wäre ich noch verschlafen. „Ist Mona weg?", frage ich.

„Ja", sagt der Lehrer.

„Warum fragst du das?"

Ich schaue zu Da. Ich schaue zu Sam.

Wir schütteln die Köpfe. Wir petzen nicht.

65 „Warum?", sagt der Lehrer noch mal. „Och, darum", sage ich.

Bart Moeyaert

Weiteren mutigen Kindern begegnest du in „Mut für drei" von Bart Moeyaert.

Die Freundschaftsprobe

„Kommst du morgen wieder?", fragte ich ihn.
Ich spürte, wie mein Kopf rot wurde vor Aufregung. Das war
ein ziemlich schlauer Test, fand ich. Echte Freunde haben immer
füreinander Zeit. Sie wollen möglichst viele schöne Dinge miteinander erleben.
5 Wenn Oskar jetzt nein sagte ...
Er guckte mich zögerlich an, wie etwas, das im Regal im Supermarkt
vor ihm lag und von dem er nicht sicher war, ob er es wirklich kaufen wollte.
Er kratzte sich am Arm. Er zupfte an seinem Ansteckflieger. Er knabberte
mit seinen großen Zähnen auf der Unterlippe herum.
10 „Eigentlich", sagte er dann, „habe ich morgen schon was vor.
Das kann den ganzen Tag dauern."
Fast konnte ich hören, wie mein Herz auf den Dachfliesen aufschlug.
Aber nur fast. Im letzten Moment gab Oskar sich einen Ruck.
„Das kann ich aber auch später erledigen, schätze ich", sagte er schnell.
15 Erleichtert streckte ich einen Arm aus. „Sind wir jetzt echte Freunde?"
Er drückte seine kleine Hand in meine. Sie war ganz warm.
Er lächelte.
„Sind wir das nicht schon die ganze Zeit?"

Andreas Steinhöfel

Ungewöhnliche Pferde-Freundschaft

Auf den Wiesen der Schwäbischen Alb sind Filou, Viola und Paulchen zu Hause.

Eine Freundschaft wie bei Pat und Patachon: Filou und Shetlandpony Paulchen

Beim Ausflug zu dritt ist Paulchen an der Longe.

Klein Paulchen hat einen Riesen-Beschützer

Mit fliegender Mähne springt das Shetlandpony Paulchen (2) auf der Weide umher. Plötzlich läuft es unter dem Bauch von seinem großen Freund Filou hindurch. Den Araber-Mischling (10) scheint das ganz und gar nicht zu stören. Genüsslich grast er weiter, bis er dann mit fröhlichem Wiehern seine Reiterin begrüßt.

Einsam. Viola Schröppel (43) aus Aalen ist von dem außergewöhnlichen Duo begeistert. „Zuvor machte Filou mir aber große Sorgen. Er wurde immer trauriger. Der Tierarzt fand jedoch keine Ursache", erzählt sie. Bald war klar: Das Alleinsein hatte ihn krank gemacht!

Stallgenossen. Da hörte sie von den kleinen Shetlandponys. „Sie sind freundlich, pflegeleicht. Meines scheint sogar ein Musterbeispiel zu sein!", schwärmt sie. Trotzdem war ihr vor dem ersten Treffen bange. „Das winzige Pferdchen marschierte aber schnurstracks in Filous Stall, wieherte und schmiegte sich an ihn, als ob es sagen wollte: „Wollen wir Freunde sein?" Und Filou schien es wie seinem Frauchen zu gehen. Das süße Pony muss man einfach gern haben!

Was weiß der schon?

Josh hatte eine Beule am Kopf. Sie leuchtete ein bisschen rot.
„I-ist mir auf der T-t-treppe passiert. Drei waren hinter mir her,
w-w-weil sie dachten, ich hätte sie blöd angeguckt."
„Und hast du?", fragte Jan. „Doch wohl nicht, oder?"
5 Josh verzog seinen Mund. „Und selbst wenn", murmelte er.
„Gucken wird doch wohl erlaubt sein."
„Ist es ja auch", beeilte sich Jan.
„Manche suchen ja nur nach einem Grund. Weil ihnen meine Nase
nicht passt."
10 Josh nahm seine Tasche vom Rücken und schwenkte sie vor und zurück.
„Aber ich lasse mir das nicht gefallen. Ich nicht."
„Und was willst du tun?"
Josh sagte nichts. Guckte nur vor sich hin. Hörte dabei nicht auf,
seine Tasche zu schwenken, immer höher flog sie vor und zurück,
15 bis er versehentlich einen Jungen am Kopf damit traf,
der vorbeikam und gerade nicht guckte.
„Hey, du blöder Dickwanst!", rief der und
schüttelte sich benommen.
„Pass doch auf!"
20 „P-pass doch s-s-selber auf!",
erwiderte Josh nur störrisch.
„Außerdem hat er es nicht extra gemacht",
mischte Jan sich jetzt ein.
„Blöd ist er trotzdem. Und fett."
25 „H-h-halt den Mund!"
„H-h-halt du ihn doch!", lachte der Junge.
„Und deine Ta-tasche dazu."
Alle, die dabeistanden und es gehört hatten, lachten.

Josh lief rot an. Er zog den Kopf in den Nacken.

30 „Nicht", sagte Jan, der schon ahnte, was kam. Er hielt ihn am Arm fest.
„Lass den doch reden. Was weiß der schon?"

Aber Josh war nicht mehr zu bremsen. Wutschnaubend ging er auf
den Jungen los, packte ihn bei den Schultern, schüttelte ihn.
„Von wegen fett!", keuchte er, dann schubste er ihn zu Boden
35 und stürzte sich auf ihn.

Der Junge schrie und versuchte, sich aus Joshs Griff zu befreien.
„Du blöder Fettklops! Du hirnloser Trampel!" Er strampelte unter Josh,
der sich mit seinem ganzen Gewicht auf ihn stemmte und
auf ihn einzuschlagen begann.

40 „Hilfe!", japste der Junge und heulte. „Du zerquetschst mich ja noch!"
Josh schien nichts mehr zu hören. Er riss den Jungen an den Haaren.
„Hier sagt keiner mehr Fettklops, kapiert?"

„Lass ihn in Ruhe, er ist ja viel kleiner als du!", rief jetzt ein Mädchen,
das dabeistand.

45 „Genau!", rief ein anderer. „Es ist ungerecht, wenn man auf Kleinere losgeht!"
Josh schlug immer weiter auf den Jungen ein.

„Josh!", schrie Jan jetzt und riss an seinem Arm.
„Bist du wahnsinnig? Was machst du denn da?"

Ganz fremd war Joshs Gesicht, als er Jan ansah, und einen Augenblick
50 dachte Jan, auch er kriegte von seiner Wut noch was ab. Aber dann ließ
Josh den Jungen tatsächlich los, erhob sich schwerfällig, drehte sich um
und wehrte sich auch nicht gegen den Tritt, den der Junge ihm vom
Boden aus noch verpasste. Er ging weg, blickte niemanden mehr an,
nicht einmal Jan.

Sigrid Zeevaert

*Wie es mit Jan und Josh
weitergeht, erfährst du in
„Josh ist mein Freund"
von Sigrid Zeevaert.*

„Eine" beste Freundin

Als ich am nächsten Tag nach der Schule mit zu Tina ging,
entdeckte ich ein Foto.
Es war ein großes Farbfoto, und es hing in Tinas Zimmer über ihrem Bett.
Man sah es sofort. Ein Mädchengesicht war es. Ein lachendes Mädchengesicht
5 mit einem großen Mund und blinzelnden blauen Augen. Und um das Gesicht
herum wogten kurze, helle Locken. Diese Fotografie war vorher nicht da gewesen.
Zuerst tat ich so, als ob ich sie nicht sähe.
Ging einfach hinein und setzte mich an den Schreibtisch und
fummelte an ein paar Bleistiften herum und versuchte so auszusehen,
10 als ob mir gar nichts aufgefallen wäre.
Aber mir war sehr komisch zumute. Mir fiel das Atmen schwer.
Und meine Finger waren steif und ungeschickt.
Ich versuchte, nicht zu Tinas Bett zu gucken. Aber meine Augen wollten offenbar
etwas ganz anderes als ich. Sie guckten mehrere Male schnell hin.
15 Und jedes Mal sahen sie, dass über Tinas Bett tatsächlich das Foto
von einem lachenden Mädchen hing.
Schließlich musste ich sie einfach fragen.
„Wer ist übrigens das Mädchen an der Wand?", fragte ich.
Ich versuchte so zu tun, als ob mir das eigentlich ziemlich egal wäre.
20 Und Tina antwortete hastig, fast so, als ob sie die Frage erwartet hätte:
„Das ist meine Freundin in Växjö, wo ich früher gewohnt hab.
Sie heißt Maria Linde."
Ihre Stimme klang so klar, als sie das sagte, so hell und deutlich.
Dann wurde es still.
25 Wir schwiegen beide eine Weile und betrachteten das Mädchen an der Wand.
Maria Linde mit dem großen, lachenden Mund und den blinzelnden
blauen Augen. Sie sah nett aus. Weich und nett und goldig.
Deswegen war es schwer, sie zu hassen. Denn ich musste sie hassen.
Ich hatte es längst geahnt. Ich wusste ja, dass Tina Briefe schrieb und Briefe
30 bekam. Aber über Maria Linde wollte sie wohl auf keinen Fall reden.
Und vielleicht wollte sie nicht mal an sie denken.
Aber Maria Linde war der Grund, warum Tina manchmal traurig aussah.

Plötzlich, an diesem dunklen Dezembernachmittag, an dem es heftig stürmte und die Fensterscheiben befroren waren, erzählte Tina:

35 „Maria und ich waren beste Freundinnen, seitdem wir zwei Jahre alt waren. Wir wohnten in benachbarten Häusern. Jedes Spiel, das ich in meinem Leben gespielt habe, hab ich zuerst mit Maria gespielt.
Wir gingen in denselben Kindergarten. Und in der Schule in dieselbe Klasse."
Sie sah froh aus, während sie das erzählte.

40 Ihre Augen leuchteten auf besondere Weise. Und ihre Backen waren ein bisschen rot.
„Dann mussten wir wegziehen", sagte sie und schwieg eine Weile.
Es war, als ob sie etwas sähe, was ich nicht sehen konnte.
„Ich wollte nicht wegziehen. Niemand in unserer Familie wollte das.

45 Aber Mama und Papa haben hier beide Arbeit gefunden. Deswegen mussten wir.
Als wir abfuhren, sagte Maria: ‚Ich krieg nie mehr eine Freundin wie dich, Tina.
Du sollst immer meine beste Freundin sein.' Das hat Maria gesagt.
Und da hab ich das Gleiche gesagt. Ich werde nie eine andere beste Freundin haben, nur dich."

50 Tina schaute hastig auf, nachdem sie das gesagt hatte. Aber dann wich sie rasch aus mit den Augen und warf die Zöpfe mit einer kleinen Kopfbewegung auf den Rücken, wie sie das immer machte. Ich sah sie an.
Sie war sehr blass. Aber sie hatte immer noch

55 rote Flecken auf den Backen.
Ich werde nie eine andere
beste Freundin haben, nur dich,
hatte sie zu Maria gesagt.

Gertrud Malmberg

15

Wortsalat und Sprachenmix

Iss noch, Schatz!

Mmh, mein Lieblingsmüsli.

Heute soll es regnen.

Kalimera. Ti kanis?

gaga

¡Buenos días! ¿Qué tal?

WC

Wir lernen Ächzpengboingisch

In England spricht man englisch, in Frankreich französisch,
in Ungarn ungarisch, aber ächzpengboingisch?
Nein, nicht in Ächzpengboingien, sondern im Comic-Land,
dem Reich der Bildergeschichten. Donald Duck ist dort
5 ebenso daheim wie Asterix, Lupo und Lucky Luke.
Ächzpengboingisch ist sehr einfach zu lernen. Es besteht nur
aus den Wörtern, die Geräusche nachahmen:
ächz, peng, boing, umpff, rrrtsch, plumps, kracks,
sprotz und so weiter.

10 Peter übt für das nächste Fußballspiel
einen Drehschuss.
Der gelingt ihm ganz ausgezeichnet,
genau ins Kreuzeck
von Herrn Hubers Fenster!
15 HERR HUBER: Die Scheibe ist kaputt
PETER: Leider.
HERR HUBER: Was machen wir da?

Dribbeldi, dribbeldi, dribbeldi,
ziungzoing.
Flitsch-flutsch,
rummstibumsti –
klirr!
HERR HUBER: Pengboing – klirr!
PETER: Ähämähäm.
HERR HUBER: Ojojoi, hm?

Gerald Jatzek

Verschiedene Schweine

Es gibt Edelschweine und Landschweine, Wasserschweine,
Warzenschweine, Stachelschweine, Meerschweine, Sparschweine,
Glücksschweine und Wildschweine. Das Landschwein lebt auf dem Land,
das Edelschwein auch, überhaupt die meisten Schweine.

5 Das Sparschwein kommt auch in Städten vor. Es kann sehr schwer werden,
und es ist zerbrechlich. Das Weibchen des Schweins
heißt Sau, die Tochter Säulein, das Männchen heißt Eber, der Sohn heißt
nicht Eberhard. Zusammen heißen sie Schweine.
Das Wildschwein ist wild. Seine Jungen sind nicht wild,
10 sondern gestreift und heißen Frischlinge, weil sie frisch
geboren sind. Die frischen Jungen der anderen Schweine
heißen nicht Frischlinge, sie heißen Ferkel:
Edelferkel, Landferkel, Wasserferkel, Warzenferkel,
Stachelferkel, Meerferkel, Sparferkel, Spanferkel,
15 Glücksferkel.

Schweine schwitzen nicht. Wenn es heiß und trocken ist,
suhlen sie sich im Dreck, auch die Edelschweine.
Das sauberste Schwein ist das Sparschwein. Es heißt
Sparschwein, weil es spart. Das Meerschwein
20 heißt Meerschwein, weil es sich vermehrt.
Schweine sind essbar. Ihre Hinterteile heißen Schinken:
Edelschinken, Landschinken, Wasserschinken, Warzenschinken,
Stachelschinken, Meerschinken, Glücksschinken, Wildschinken
und Sparschinken.

25 Wenn das Schwein zufrieden ist, grunzt es. Das Sparschwein
grunzt nicht, es scheppert. Meerschweine grunzen nur, wenn es
niemand hört. Ein Junge, heißt es, habe sich einmal hinter dem
Vorhang versteckt, um sein Meerschwein grunzen zu hören.
Das Tier merkte aber sofort, dass es hereingelegt werden sollte,
30 und es piepste nur: Der Lärm, den Meerschweine machen,
wenn sie wirklich allein sind, ist fürchterlich.

Jürg Schubiger

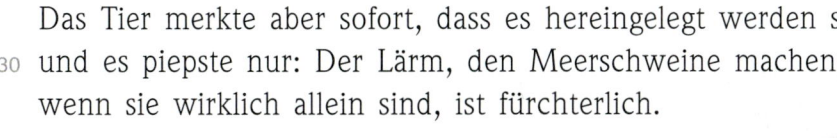

Wie Piraten Briefe schreiben

*Jim Knopf ist ein schwarzer Junge, der mit seinem großen Freund
Lukas, dem Lokomotivführer, schon viele spannende und gefährliche Abenteuer
erlebt hat. Ihm ist es gerade gelungen, sich in das Geheimversteck
der Piraten einzuschleichen.*

5 „Hört jetzt auf mit diesen verfluchten Geschichten", brüllte der, den sie
Hauptmann nannten, erbost, „der verdammte Drache hat uns eben damals
schon betrogen. Schwefel, Pech und Bärendreck! Aber das wird von jetzt an
nicht mehr vorkommen. Wir werden ihm auf der Stelle einen Brief schreiben,
dass wir ihn durchschaut haben und dass er auf unsere Rache zählen kann!"

10 Die anderen Piraten murrten, dass sie schon wieder schwer arbeiten sollten.
Sie wollten jetzt Feierabend machen und den Brief ein andermal schreiben.
„Kraken, Haifisch und Muränen!", polterte der Hauptmann los.
„Was ich sage, wird gemacht, verstanden?"
Da fügten sie sich, holten Tinte, Feder und Papier und begannen, alle

15 zusammen den Brief zu schreiben. Jim konnte von seinem Versteck aus
beobachten, wie sie das machten: Einer nach dem anderen stand auf und
schrieb seinen Buchstaben auf das Papier, denn jeder konnte nur einen
einzigen Buchstaben lesen und schreiben. Der eine konnte beispielsweise
das A, ein anderer das S, ein dritter das M und so weiter.

20 Nur keiner konnte den Buchstaben eines anderen erkennen
und deshalb merkten sie nicht, dass einer von ihnen statt
einem K immerzu ein X schrieb. Und das war gerade der,
den sie ihren Hauptmann nannten, denn er konnte
am allerschlechtesten schreiben.

25 Die Zahlen 1 und 3 kannten sie allerdings alle,
denn die standen ja groß und deutlich oben
auf dem Segel ihres Schiffes.

Während dieser Arbeit trat ihnen allen der Schweiß auf die Stirn, und die kleinen, eng stehenden Augen quollen ihnen fast
30 aus den Köpfen vor Anstrengung.

Schließlich hatten sie unter vielem Hinundherreden und Streiten und Buchstabieren folgenden Brief fertig gebracht:

SeR feR(E)Rte FrAu MalTSan
Tas Mas unSEReR xeTult isT full
SiE sinT eRxanT.
fiR FiSSn letst Tass SiE
EiN FeRReteR siNT.
TaRum sinT fiR Nunmer
FEinTe. Trelmal feee inen
fenn fiR SiE Trefffen
Tann RettEt SiE Nixs meR
mit unfreitlixem FusTRiTT
Tie filTE 13.

Hätte Jim lesen können, dann hätte er vielleicht jetzt schon einen merkwürdigen Umstand bemerkt. Es waren nämlich nur zwölferlei
35 Buchstaben. Aber Jim konnte eben nicht lesen.
Diese Piraten waren tollkühn, bärenstark und verwegen.
Aber nun sah Jim zum ersten Mal mit eigenen Augen, dass es nicht genügte, derartige Eigenschaften zu besitzen, wenn es dabei an Klugheit fehlte. Trotzdem konnte jeder von ihnen wenigstens
40 einen Buchstaben, und er selbst?
Keinen einzigen.

Michael Ende

Land auf dem Sonntag

Land auf dem Sonntag
Im Scheinensonn
taubt eine Gurre.
Im Schattenhaus
5 katzt eine Schnurre.

Es hummelt eine Brumm
wie ein Wagenlast.
Sanft schweint ein Grunz
vor der Wirtschaftsgast.

10 Im Weiherdorf
froscht tief der Tauch.
Oben am Dachhaus
schlotet der Rauch.

Ein Pinkel, der hundet
15 auf Blumenmohn.
Der Schimpf vatert laut
im Zimmerwohn.

Ein Fahrersonntag
wagent den Wende.
20 Das dauert zu lange,
drum gedichtet das Ende.

Paul Maar

Liebesseufzer
eines Walfischfräuleins

O du Wal meiner Wahl!
Wie ihn gibt's keinen im Meer mehr!
Wer, der wie er, zwölfeinhalb Tonnen schwer wär'?
Wenn ich nur wüsste,
5 ob er so fühlte wie ich,
als ich ihn unweit der Küste küsste.
Hoffentlich!
Ich hoff' endlich,
dass er um meine Flosse anhält
10 und sich nicht immer so schüchtern stellt.
Denn ich möchte, statt immer allein sein,
sein sein.

Sprachbastelbuch

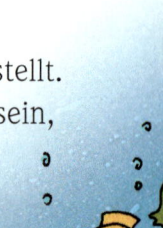

Kleine Missverständnisse

„Soll ich in ihren Wagen
neue Kerzen einsetzen?",
fragt der Mechaniker.
„Wieso?", sagt die alte Dame.
„Ist schon Weihnachten?"

„Du, schau mal!
Was sind das für komische Vögel
oben auf unserer Fernsehantenne?"
„Sicher Fernsehstars."

„Du, Mutti", sagt Gabi. „Moritz hat
vor einem Jahr Rhinozeros zu mir gesagt!"
„Und wieso kommst du erst jetzt damit zu mir?"
„Ja, gestern im Zoo, da hab ich zum ersten Mal
ein Rhinozeros gesehen!"

„los"

Mein Knopf ist los.

Dann näh ihn dir wieder an.

Los, komm! In der Stadt ist heut' was los!

So lass ich euch nicht los!

Was ist denn hier los?

Achtung fertig, los!

Komm, wir fahren los!

Ich kann nicht, mein Rad ist los!

Die stille See

An einem warmen, sonnigen Sommertag traf Emilio am Strand Juanita,
die mit ihrer Familie im Dorf Urlaub machte.

Als Juanita mich nach meinem Namen fragte, habe ich ihn in den Sand
geschrieben. Sie fand, dass es ein schöner Name sei. Ich schrieb auch,
5 dass ich weder hören noch sprechen, aber dass ich ihre Lippen lesen könne.
Wir verbrachten einen wunderschönen, verrückten Tag zusammen.
Ich fragte sie, ob sie am folgenden Tag wiederkommen würde.
Sie schrieb in den Sand: „Si." Obwohl die Sonne meinen Kopf wärmte,
wollte ich, dieser Tag wäre nie gekommen. Als ich am Meer entlanglief,
10 sah ich, wie ein Junge mit Juanita spielte. Es war ihr Bruder Jaime,
der ihr gar nicht ähnlich sah. Wir bauten eine Sandburg, und jedes Mal,
wenn ich etwas sagen wollte, fing Jaime an, komische Bewegungen
mit seinen Händen zu machen. Ich fragte, warum er das machte.
Er fand es offenbar sehr komisch, dass ich meine Hände brauchte,
15 um zu sprechen. Ich blickte Juanita an, in der Hoffnung, dass sie es ihm
erklären würde. Aber sie zuckte nur mit den Schultern und spielte weiter
im Sand. Jaime begann wie ein Verrückter um die Sandburg herumzuhüpfen
mit wild schwingenden Armen und Händen. Anschließend nahm er einen
Stock und schrieb damit in den Sand: „Juanita liebt Taubenichts."
20 Ich wurde wahnsinnig wütend, rannte zu Jaime und stieß ihn kopfüber in
den Sand. Ich packte seinen Stock und schrieb:
  „Einen Taubenichts gibt es nicht; ich bin ein Tauber."
Jaime hatte einen großen Schreck bekommen, das sah man deutlich,
und auch Juanita schaute mich befremdet an. Ich hatte gehofft, dass
25 sie mich verstehen würde, aber sie fing an, allerlei Wörter zu schreien.
Ihr Mund öffnete sich weit und ihr Gesicht wurde rot. Sie schien Angst
zu haben, als sie ihren Bruder von mir fortzog. Sie nahm ihn an die Hand
und zusammen rannten sie zu ihrem stinkteuren Hotel.
Ich sah sie auf der Düne laufen. Ab und zu blickte sich
30 Juanita um. Die See war still für mich.
Aber so still war sie noch nie zuvor gewesen.

Jeroen van Haele

Gebärdensprache

Gehörlose Menschen verständigen sich mit Gebärden. Die Gebärdensprachen sind natürlich gewachsene und vollständige Sprachen. Am auffälligsten sind dabei die Hände. Aber wenn jemand gebärdet, ist noch viel mehr los: Gestik, Körperhaltung, Mimik und das Mundbild spielen dabei eine Rolle.
5 Mit der Mimik des Gesichtes kann ein Erzähler verdeutlichen, ob er ein Buch gerne gelesen hat oder sich dazu überwinden musste. Die Handbewegungen sind in beiden Fällen gleich. Den Unterschied machen die Augen, der Mund und die Stirn samt Augenbrauen aus.

Die Stellung der Hand, die Handform, die Bewegungsrichtung oder die Stelle
10 am Körper, an der die Gebärde ausgeführt wird, hat unterschiedliche Bedeutungen:

Ein gestreckter Zeigefinger auf der Stirn bedeutet „Polizei".

Eine Faust auf der Stirn wiederum bedeutet „dumm".

Dieselbe Faust am Kinn steht für „Bauer".

Der kleine Herr Paul

„Mensch Paul, du hast ja Ringe unter den Augen wie ein Vollmond im Winter! Hast du die ganze Nacht gelesen? Ich sag ja, dieses Buch ist toll, vor allem das Ende, was?!"

Herr Paul nickte. „Ich hätte nie gedacht, dass der Mond das Mädchen doch
5 noch kriegt."

Der Freund sah ihn an. „Kriegt er nicht, der Mond nimmt die Kometin und sie verschwinden im All!"

Herr Paul schüttelte den Kopf: „Nein, nein, er kriegt das Mädchen!"

Der Freund nahm das Buch und blätterte in den letzten Seiten. Er las noch
10 einmal sehr genau, was dort geschrieben stand und sagte: „Ich hatte Recht, hier steht nichts von einem Mädchen!"

Herr Paul sah auch in das Buch.

„Na, was ist los mit euch?", fragte ein Kollege vom Nachbartisch.

„Ist was mit dem Buch? Ich fand es großartig, vor allem das Ende!
15 Mann, was habe ich gelacht!
Wie die Schnecke mit dem Igel
vor dem Abendhimmel Wasserski fährt,
das hat doch was, oder?"

Der kleine Herr Paul und sein Freund hatten ein Geheimnis entdeckt,
20 ein Buch mit einem eigenen Ende für jeden Leser! Die Geschichte sprach sich schnell herum. Viele Kollegen hatten das Buch gelesen und jeder erinnerte sich an einen anderen Schluss! Man empörte sich und alle glaubten, nur ihr eigenes Ende wäre das Richtige. Andere dachten an einen Scherz und bekamen schlechte Laune. Im Allgemeinen aber
25 war man sich einig, der Sache musste man auf den Grund gehen.

„Freunde, Kollegen und Buchleser!" Herr Paul hatte eine Idee, stieg auf einen Stuhl und rief laut in die Kantine. „Ein Buch hat einen Anfang, eine Mitte und ein Ende. Damit wir es lesen können, muss es gedruckt werden! Beim Drucken muss ein Fehler aufgetreten sein. Wir müssen den Verlag
30 aufsuchen, denn wenn einer einen Fehler gemacht hat, dann der Verleger!" Alle Leser applaudierten und alle machten sich auf den Weg.
Der Verleger breitete beschwichtigend die Arme aus.
„Ich verstehe Ihre Ungeduld, aber uns trifft keine Schuld! Nachdem wir von den verschiedenen Enden erfahren haben, wurde der Druck gestoppt und
35 die Auslieferung verhindert. Wir haben sogar eine Rückkaufaktion gestartet, aber einige Bücher sind uns entwischt. Das Beste wird sein, Sie geben sie ab und wir vergessen die Sache!"
Die unzufriedenen Leser riefen empört:
„Vergessen? Wie können wir weiterleben ohne ein richtiges Ende!
40 Wie sollen wir reden über ein Buch ohne einen gültigen Schluss?
Nein, wir brauchen das richtige, das echte, das endgültige, gültige Ende!"
So redeten sie und auch Herr Paul war sehr aufgeregt.
„Gut, gut!", sagte der Verleger, „Es gibt eine Möglichkeit. Am besten Sie gehen zu dem Dichter selbst und lassen sich von ihm das wahre Ende
45 der Geschichte erzählen."

Martin Baltscheit

Straßenlärm und Häusermeer

Kommt ein Tag in die Stadt

Ein Wecker rasselt,
eine Teekanne zischt,
ein Regenguss prasselt,
eine Putzfrau wischt,
ein Briefkasten klappert,
ein Baby schreit,
eine Nachbarin plappert,
und ganz weit
quietscht eine Bahn in den Schienen.
So kommt ein Tag in die Stadt:
Im Dämmerlicht um halb sieben,
in die Stadt, die geschlafen hat.

Hans Adolf Halbey

Stadtrundgang

Meine Damen, meine Herren,
Sie gestatten – hier entlang.
Meine Damen, meine Herren,
nun beginnt der Stadtrundgang.

5 Linker Hand, die kleine Kirche,
eine Perle ihrer Zeit.
Eine zweite solche Kirche
gibt es nirgends weit und breit.

Hier, die bemooste Mauer –
10 wert, dass man sie auch bewundert.
Denn gebaut wurde die Mauer
in dem 18. Jahrhundert.

Und dort oben auf dem Hügel
stand ein Schloss, ganz wunderschön.
15 Leider ist heut auf dem Hügel
nicht mehr viel davon zu sehn.

Meine Damen, meine Herren,
niemand will das wohl bestreiten –
selten hat ein kleines Städtchen
20 solche Sehenswürdigkeiten.

Lothar Quinkenstein

Berlin – Hauptstadt von Deutschland

Einwohner im Stadtgebiet: 3,4 Millionen
Sprache: Deutsch
Währung: Euro

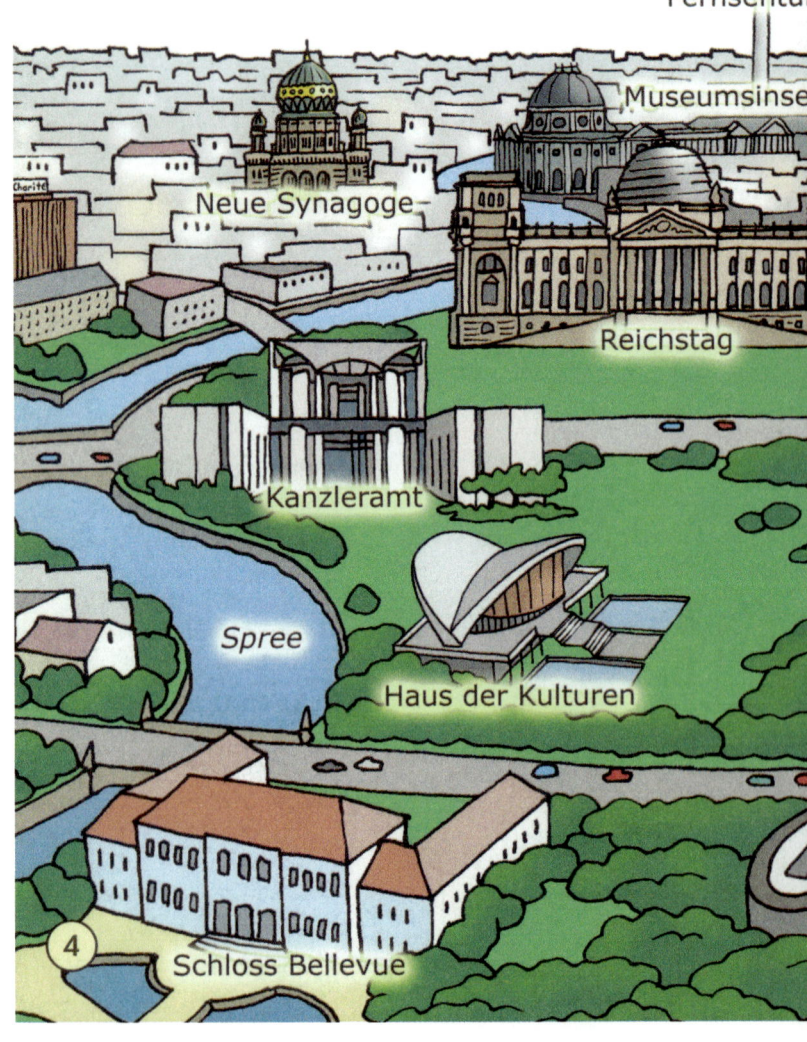

Das **Kanzleramt**
steht im Regierungsviertel
an der Spree.
Dort tagen die Bundeskanzlerin
und andere Politiker.

Im **Schloss Bellevue**
wohnt der Bundespräsident.
Wenn auf dem Dach die Flagge
weht, ist er zu Hause.

Im **Reichstagsgebäude** tagt der deutsche Bundestag.
Das Gebäude wurde 1884–1894 errichtet.
Nach dem Fall der Mauer wurde es erneuert und umgebaut.
Die neue, begehbare Glaskuppel kann besichtigt werden.
Von dort sieht man über ganz Berlin.

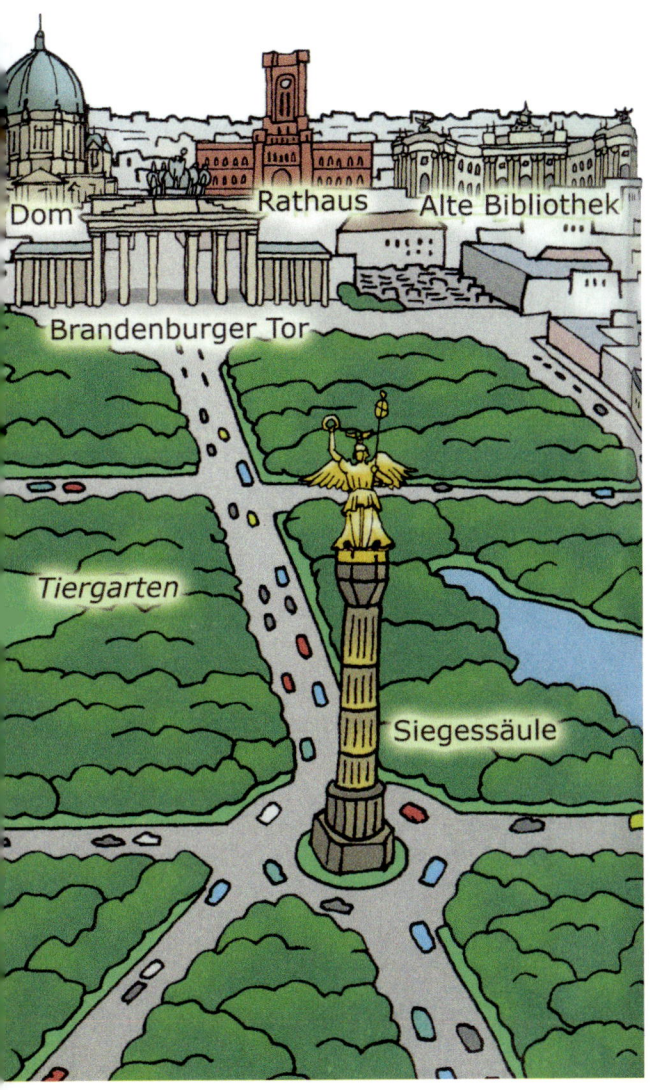

Dom

Rathaus

Alte Bibliothek

Brandenburger Tor

Tiergarten

Siegessäule

Auf dem Alexanderplatz, kurz Alex genannt,
steht ein 368 Meter hoher **Fernsehturm**.
Er ist höher als alle anderen Türme
in Deutschland.

Das **Brandenburger Tor** war um 1800
ein echtes Stadttor.
Es ist das Wahrzeichen Berlins.
Es stand direkt im Mauerstreifen und war
bis 1990 nicht zugänglich.
Seit die Mauer abgerissen wurde, kann
man wieder durch das Tor hindurchgehen.

Die **Siegessäule** trägt auf ihrer Spitze
eine berühmte Frau: Ihr Spitzname ist
„Goldelse".
Viele Leute sagen, sie sieht wie ein Engel
aus. Man kann die Siegessäule besteigen.
Nach 285 Stufen hat man eine wunderbare
Sicht über den **Tiergarten**.

Die **Berliner Mauer** wurde 1961 gebaut.
Sie ging quer durch Berlin und unterbrach
Straßen und teilweise Gebäude.
Die Mauer trennte Ost- und Westberlin.
1989 wurde die Berliner Grenze wieder geöffnet
und die Mauer abgerissen.

Straßen-Musik

D i e s e   S t ä d t e :
d e r
L ä r m
s t ä n d i g
5 k n i r s c h e n d
aus den
U-B a h n-S c h ä c h t e n :
kreischende Busreifen
Taxihupen und Motoren
10 der Autos und Lastwagen das gesamte
Vokabular[1]
der
krach
zisch
15 quietschenden
Heißmetall-S p r a c h-
K o m b i n a t i o n e n[2]:
Und F l u g z e u g e
d r o b e n
20 d o n n e r n
e i n O r c h e s t e r
aus Trommelwirbeln
und Kampfgedröhn
attackiert[3]
25 meine Ohren
m i t
d e m
s t ä n d i g e n
L ä r m
30 d i e s e r S t a d t :
Straßen-Musik.

Arnold Adolf

[1] Vokabular: Wortschatz
[2] Kombination: Zusammensetzung
[3] attackieren: angreifen

Mir gefällt das Gedicht,
das heute dran war,
das über die Straßen-Musik
35 in der Stadt.
Meine Straße
ist nicht mitten
in der Stadt,
deshalb gibt's da keine
40 so LAUTE Musik
von Hupen und Lastwagen,
krach,
zisch,
quietsch.
45 Meine Straße
liegt am Rand
einer Stadt
und da gibt's
leise Musik
50 die meiste Zeit,
flitsch,
miau,
wusch.
Meine Straße ist ganz *schmal*,
55 mit Häusern auf beiden Seiten,
und ich wohne in
dem weißen
mit der roten Tür.
Es gibt nicht viel Verkehr
60 in meiner Straße –
nicht so wie
mitten
in der Stadt.

Wir spielen im Garten
65 und manchmal
auf der Straße,
aber nur, wenn
ein Erwachsener
oder die großen Kinder
70 dabei sind.
Und die schreien
AUTO!,
wenn sie ein Auto
unsere Straße entlangfahren sehen.
75 An beiden Enden
unserer Straße
stehen Schilder
mit der Aufschrift
Vorsicht! Spielende Kinder!,
80 aber manchmal
passen die Autos
nicht auf
und rasen
die Straße runter
85 als ob
sie's IRRE eilig hätten
und noch meilenweit fahren müssten,
bevor sie schlafen.

Sharon Creech

Hausboote in China – Melong und Ha Yuen

Viele Familien in China leben auf Hausbooten entlang der großen Flüsse.
Diese chinesischen Segelboote werden auch Dschunken genannt.

Melong und ihr Bruder Ha Yuen sind zwei von den
80 000 „Wasserchinesen", die auf Booten an der Küste
5 von Hongkong leben. Sie haben kein anderes Zuhause
als eine Dschunke, ein chinesisches Segelboot, unter dessen
rundem Deck nachts die ganze Familie schläft, dicht an dicht
wie die Ölsardinen, denn der Raum ist klein und die Familie zahlreich:
der Großvater, die Großmutter, der Vater, Melong und Ha Yuen,
10 das Baby und Ha Yuens Hund. Eigentlich gehört noch die Mutter
dazu, aber sie liegt im Krankenhaus.

Neben, hinter und vor der Dschunke sind andere Dschunken.
Es ist ein ganzer Wald von Masten, der in den Himmel ragt.
Eigentlich sind es Fischerboote, und einige fahren auch noch
15 täglich zum Fischfang aus, aber viele werden nur
als Wohnungen benutzt, so wie es Melongs Familie
zum Beispiel tut. Das Boot gehört der Familie schon sehr,
sehr lange. Die Großmutter, die Mutter, Melong, Ha Yuen und
das Baby sind auf ihm geboren worden. Sie leben gern hier,
20 obwohl es recht eng ist, aber chinesische Familien
rücken immer dicht zusammen.

Melongs Vater ist kein Fischer. Er malt in einer Fabrik auf Seide
Vögel und Blumen für Gewänder und Tischdecken. Frühmorgens,
bevor er zur Arbeit geht, ruft er Melong und Ha Yuen auf das Deck,
25 und sie machen „Schattenboxen". Alle drei tun so, als ob sie
einen starken Gegner vor sich hätten, dem sie tüchtige Kinnhaken
versetzen, obwohl sie in Wirklichkeit nur in die Luft boxen.
Fast alle Chinesen machen morgens diesen Frühsport.

Überall am Kai und auf den Decks sieht man Frauen
30 und Männer, die herumhüpfen und in die Luft schlagen.
Nach dem Frühsport geht Vater in die Fabrik,
und Melong und Ha Yuen gehen in die Schule.
Die Großmutter, eine winzige Frau mit einem Gesicht wie
zerknittertes Seidenpapier, fegt das Bootsdeck.
35 Dann kommt auch der uralte Großvater an Deck,
setzt sich in die Sonne und raucht ein Pfeifchen.

Der Großvater hat seit zehn Jahren nicht mehr einen Fuß
auf den Erdboden gesetzt, selbst nicht, als der Taifun kam,
der furchtbare Wirbelsturm, vor dem alle Wasserchinesen
40 aus ihren Booten auf das Land flohen.
Vater wollte damals den Großvater mit Gewalt an Land bringen,
aber er ließ sich nicht dazu bewegen.
Mit Schrecken sah die Familie von den Häusern
jenseits der Straße aus, wie hohe Wellen die Boote
45 aneinanderkrachen ließen. Sie zerbarsten wie Nussschalen.
Die Wassermassen überspülten die Decks. Niemand glaubte,
dass der alte kranke Mann das überstehen würde.
Aber als sie nach dem Sturm ihre Dschunke suchten,
war sie als einzige einigermaßen heil. Der Großvater
50 kam ihnen entgegen, blass und schwankend, aber sehr stolz.
Denn er hatte das Boot gerettet, hatte es an einer
großen Dschunke festgebunden und die anderen Boote
von ihm abgehalten.

Ilse Kleberger

Mumbai – eine Stadt in Indien

Mumbai war lange ein wichtiger Seehafen. Dem Handel auf See verdankte die Stadt an der Ostküste Indiens auch ihren Reichtum. Portugiesische Seefahrer gaben der Stadt im 16. Jahrhundert den Namen „Bombay", „Gute Bucht". Im Jahr 1996 wurde sie
5 in Mumbai umbenannt. Heute ist Mumbai die größte Stadt Indiens. Damit die Menschen es nicht so weit zu ihrer Arbeitsstelle haben, leben viele in billigen Wellblechhütten in der Innenstadt. Nur wenige wohnen am Stadtrand. Von dort bräuchten sie zu viel Zeit, um in die Innenstadt zu kommen.
10 Die Entfernungen in der Stadt sind schon so groß, dass fast alle Einwohner noch stundenlang mit dem Auto, dem Bus oder der Bahn zur Arbeit fahren müssen. Die Stadt Mumbai ist eine der bevölkerungsreichsten Städte der Welt und hat über 19 Millionen Einwohner. Im Vergleich hat Berlin nur 3,4
15 Millionen Einwohner.

Das höchste Hochhaus links gehört einer Familie in Mumbai. Sie bewohnt darin mehrere Stockwerke.

Warum Menschen kein „Dach über dem Kopf" haben

Es gibt viele Menschen auf der Welt, die kein Zuhause mehr haben. Aus verschiedenen Gründen haben sie ihre Wohnung oder ihr Haus verloren. Sie sind also obdachlos geworden. Weltweit leben in Mumbai und in anderen großen Städten über
5 20 Millionen obdachlose Menschen. Aus Angst vor Kriegen und Gewalt flüchten Menschen aus ihrer Heimat oder werden daraus vertrieben. So verlieren sie ihre Häuser. Auch Naturkatastrophen, wie Dürren, Überschwemmungen und Vulkanausbrüche, zerstören Häuser. Die Menschen müssen sich dann ein neues
10 Zuhause und neue Arbeit suchen. Sie gehen meistens vom Land in die Stadt. Dadurch sind viele Städte überbevölkert. Dort leben dann viel zu viele Menschen und nicht alle können eine Arbeit finden. Wohnungen sind meistens zu teuer und ohne Arbeit und Geld können sie sich diese auch nicht leisten.

Leben auf der Straße in Mumbai.

Jogan in der großen Stadt

Lal und Jogan, zwei elfjährige Jungs, sind obdachlos.
Sie leben auf der Straße in Mumbai und suchen eine Arbeit.

In Mumbai gab es unzählige Teestuben. Aber eine von ihnen kannte ihr Freund
Timili besonders gut. Sie lag an einer stark befahrenen Straße.
5 Hier kamen zahlreiche Menschen vorbei. Darum hatten die Kellner und
Servierjungen immer alle Hände voll zu tun.
Dort sollten die beiden nach Arbeit fragen, schlug Timili vor.
Er beschrieb Lal und Jogan den Weg genau. Trotzdem waren sie
an jeder Straßenkreuzung von neuem unschlüssig, in welche Richtung sie
10 weiterzugehen hatten.
Sie waren froh, als sie schließlich bei dem Restaurant ankamen.
Die meisten Tische waren besetzt. Das Geschäft schien gut zu gehen.
Die beiden steuerten geradewegs auf einen Kellner zu, der ein Tablett trug.
„Frag du", flüsterte Lal und schob Jogan vor.
15 „Können Sie vielleicht noch zwei Jungen gebrauchen?", brachte Jogan mit
unsicherer Stimme hervor.
„Was?", fragte der Kellner im Weitergehen.
„Wir suchen Arbeit", wiederholte Jogan.
„Und ich sage Ihnen, arbeiten haben wir gelernt. Wir ..."
20 „Schon gut, schon gut", unterbrach ihn der Kellner.
„Ich habe keine Zeit, mir eure Geschichten anzuhören.
Ihr seht doch, die Gäste warten. Und dann gleich zu zweit!
Ich bin froh, dass ich selber eine Arbeit habe. Macht Platz! Und haut ab!"
„Blödmann", brummte Jogan.
25 Enttäuscht liefen sie die Straße entlang.
„Dann versuchen wir es eben woanders", sagte Jogan.
„Restaurants gibt's hier genug. Diesmal fragst du!"
Das klang fast wie ein Befehl.
Aber als Lal es versuchte, hatten sie genauso wenig Glück.
30 Niemand wollte sie haben. Trotzdem suchten sie weiter.
Was hätten sie auch anderes tun sollen?
Irgendwie mussten sie Arbeit finden und Geld verdienen.
Sie hatten Hunger.
Ihr letztes Geld hatten sie bei einem Kinobesuch ausgegeben.

35 „He, träumst du?" Lal stieß Jogan in die Seite.
Jogan tauchte aus seinen Gedanken auf.
„Ich habe Hunger", sagte Lal.
„Hunger habe ich", wiederholte Lal vorwurfsvoll.
„Und weil du unbedingt ins Kino wolltest, haben wir
40 jetzt kein Geld mehr."
„Du hättest ja nicht mitzukommen brauchen",
entgegnete Jogan gereizt.
„Schon gut", versuchte Lal seinen Freund zu beschwichtigen.
„Aber hast du denn keinen Hunger?"
45 Jogan nickte nur.
„Komm schon!"
Jogan setzte sich mit einem Ruck in Bewegung
und ging die Straße hinunter. Bei einer Imbissbude
verlangsamte er seine Schritte und blieb dann stehen.
50 Vor ihr waren Bänke aufgestellt. An der Seite
stand ein Holzbett. Ein Mann nahm gerade darauf Platz,
hing seine weiße Jacke an einen Pfosten und
kreuzte die Beine. Sofort brachte ein Servierjunge
ihm einen kleinen Hocker, den er im Gehen
55 noch schnell mit einem schmierigen Lappen abwischte
und dann vor dem Mann aufstellte. Er holte
ein Glas Wasser, wie es alle neuen Gäste bekamen,
und winkte seinen Chef aus der Bude herbei.
Der kam mit einigen Blechtöpfen und zeigte dem Gast,
60 was es heute zu essen gab: Dhal, Reis, Bohnen.
Der Duft von Gebratenem und Curry drang bis zu Jogan
und Lal herüber.
Jogan spürte, wie ihm der würzige Geruch in die Nase stieg,
immer aufdringlicher, fast quälend. Eine innere Unruhe erfasste ihn.
65 Er wollte sich abwenden, aber es gelang ihm nicht.
Irgendetwas zwang ihn, gierig noch mehr von dem Duft einzuatmen.
Der Gast zeigte auf verschiedene Töpfe und ließ sich von jedem etwas
auf seinen Teller füllen: Reis, Currysauce, Gemüse und Koftas.

Jogan starrte gespannt auf das Tablett wie im Kino auf die Leinwand.

70 Er hatte alles um sich herum vergessen, selbst Lal.

„Hättest du nicht die Idee mit dem Kino gehabt", flüsterte der hinter ihm,

„könnten wir jetzt auch da sitzen. Nur deinetwegen knurrt uns der Magen",

zischte er. Dass Lal ausgerechnet jetzt wieder damit anfangen musste!

Jogan warf ihm einen Blick zu, der deutlich machte, wie ihn

75 die Vorwürfe trafen. Aber Lal war nicht zu stoppen.

„Wie sich schöne Frauen kleiden, weiß ich jetzt durchs Kino",

fuhr er spitz fort, „aber ein paar Koftas wären mir lieber."

Jogan spürte, dass er fast explodierte. Jetzt musste etwas geschehen.

Vielleicht sollte er laut schreien. Oder er könnte Lal eine runterhauen.

80 Oder …

Jogan sprang auf den Gast zu, griff nach den Koftas auf dem Hocker,

drückte einen Lal in die Hand und rannte los.

Lal starrte auf den Gast, der aufgesprungen war und auf ihn zustürzte.

Da war es auch schon zu spät. Der Mann hatte ihn ergriffen.

85 Der Restaurantbesitzer kam dazu. Schläge trafen Lals Gesicht.

Er schrie auf. Immer neue Schläge prasselten auf ihn nieder. Er versuchte,

ihnen auszuweichen. Erst als neue Gäste kamen und bedient werden wollten,

ließen die beiden von ihm ab und stießen ihn auf die Straße.

Vorsichtig betastete Lal sein Gesicht. Die Haut brannte.

90 Das hatte Jogan ihm eingebrockt. Der und seine verrückten Ideen!

Und dann hatte er sich aus dem Staub gemacht. Das tat er doch immer.

Wenn es galt zu verschwinden, war er immer der Erste. Lal ärgerte das.

Hätte es doch nur Jogan erwischt! Diese Prügelei hätte er ihm gegönnt.

Lal wischte sich mit dem Handrücken über die brennende Unterlippe und

95 fühlte sich elend. Er wollte sich nur noch verkriechen,

ganz tief unter seine Plane.

Nichts, aber auch gar nichts mehr wollte er sehen und hören.

Er wollte sich nur noch zurückziehen, wie eine Schnecke in ihr Haus,

auch wenn es kein Haus, sondern nur eine Plastikfolie war,

100 unter der er die Nächte verbrachte.

Hans-Martin Große-Oetringhaus

Lesemops und Bücherwurm

Rätsel

Es hat einen Rücken
und liegt nicht drauf.
Du brauchst keinen Hammer
und schlägst es auf.
Es hat keinen Mund
und redet doch klug.
Es ist kein Baum
und hat Blätter genug.

Das kleine Buch

Ich nahm das kleine Buch zur Hand.
Mir wurden die Augen riesengroß,
weil alles ringsumher verschwand.
Und schon ging die Reise los.

Frantz Wittkamp

Eine schöne Geschichte

Es war einmal eine schöne Geschichte,
die war außen unsichtbar und innen bunt,
und in alten Zeiten
ging sie von Mund zu Mund.

5 Eines Tages geriet sie in Sammlerhände,
das bedeutete beinah ihr Ende:
Sie wurde in schwarze Lettern gefasst,
bekam Seitenzahlen und Nummern verpasst,
wirkte nun eher eckig als rund,
10 außen schwarz und innen bunt.

Ein Kind las sie.
Und in seiner Fantasie
wurde sie wieder rund –
außen unsichtbar und innen bunt.

Martin Anton

In der Schulbibliothek

Lieblingsbücher in der Klasse 3a und 3b

Jungen
Mädchen

Nächste Woche Mittwoch findet in der Aula ein Lesenachmittag statt.

	Jungen	Mädchen
Sachbücher	8	3
Fantastisches	5	5
Freundschaft	2	7
Abenteuer	5	5

Ich kenne beide Bücher.
Wenn du Pferde magst,
würde ich dir
„Rätsel um Blacky" empfehlen,
das ist sehr spannend!

Die Buchauswahl

Su, Mario und Samira sind aufgeregt. Ihre Klassenlehrerin Frau Sommer
hat in der letzten Deutschstunde erklärt, dass alle Kinder gemeinsam
eine Klassenlektüre lesen werden. Das bedeutet, alle Kinder der Klasse 3a
lesen gemeinsam ein Buch.

5 Alle waren sofort begeistert und riefen lauter Buchvorschläge in die Klasse.
Es war schrecklich laut und keiner hat den anderen verstanden.
Lachend hat Frau Sommer die Kinder unterbrochen. Sie erklärte,
dass sich alle zunächst überlegen müssen, ob es ein spannendes Buch,
ein gruseliges Buch, ein Tierbuch, ein Buch über Freundschaft oder

10 die Familie oder ein fantastisches Buch sein soll.
Dann durften alle in die Schulbücherei zum Schmökern und auch
Frau Sommer hatte viele Bücher zum Aussuchen mitgebracht.
Heute darf jeder ein Buch vorstellen. Nicht alle haben ein passendes Buch
gefunden, aber am Ende stehen vier ganz verschiedene Bücher zur Auswahl.

Ich schlage das Buch
„Oskar unter Verdacht vor".
Es ist ein spannendes Buch und handelt
von einem Jungen, der sich auf die Suche
nach einem entführten Hund macht.

In meinem Buch geht es um zwei Jungen,
die in einer Bücherei gemeinsam Abenteuer erleben.
Dabei überlisten sie den Schrecken aller Kinder,
die strenge Bibliothekarin Knolle Murphy und
ihre gefürchtete Knollenknarre.

Mein Buch handelt von Willi. Willi kann alles!
Er kann Fußballspielen und sogar Schnecken
mit der bloßen Hand anfassen.
Nur schwimmen kann er nicht.
Er glaubt, er sei vielleicht nicht wasserdicht.
Seine Familie dagegen ist der Meinung,
dass Willi nur ein Angsthase ist!

In dem Buch
„Ein Pferd namens Milchmann"
steht plötzlich bei Herman ein echtes Pferd
auf der Terrasse. Herman hat jetzt nicht nur
ein Pferd, sondern auch ein Problem:
Wohin mit Milchmann? Und wo kommt
Milchmann eigentlich her?

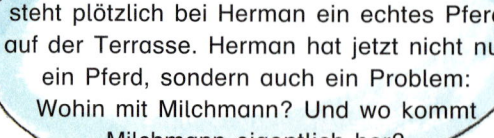

Hilke Rosenboom

Die Klasse 3a hat abgestimmt. Sie entscheidet sich für eine spannende Tiergeschichte.
Das Buch, das die Kinder in den nächsten Deutschstunden lesen werden, heißt „Ein Pferd namens Milchmann" und wurde von der Autorin Hilke Rosenboom geschrieben.

Vor dem Lesen informieren sie sich im Internet über die Autorin:

Unsere Klassenlektüre „Ein Pferd namens Milchmann"
wurde von der Autorin Hilke Rosenboom geschrieben.
Sie wurde im Jahr 1957 geboren und lebte als Kind
auf der Insel Juist.
Nach ihrem Studium arbeitete sie bei der Zeitschrift Stern.
Nach 15 Jahren hörte sie als Journalistin auf und begann,
Kinderbücher zu schreiben.
Sie lebte mit ihrer Familie in Hamburg.
Dort hatte sie auch eine Wohnung, in der sie nur schrieb.
Nicht mal ein Telefon gab es dort.

Das hat Hilke Rosenboom
über sich selbst gesagt:

Ich bin ein ziemlich alberner Mensch,
spiele sehr gern und ich habe
nicht den Eindruck,
dass sich mein Lebensgefühl
seit meiner Schulzeit
sehr stark verändert hätte.

Montagmorgen, ein Pferd taucht auf

An einem Tag im Mai war Herman allein zu Haus.
Er stand in der Küche und war eben dabei, die Umrisse eines
Ritters in die Butter auf seinem Brot zu ritzen.
Dazu wollte er Kakao trinken, mit ganz viel Kakaopulver und
5 möglichst wenig Milch. So war das Leben zum Aushalten,
fand Herman. Da hörte er plötzlich, wie draußen jemand hustete.
Heute war er nicht in der Schule. Mit leichtem Fieber kann man
kein Diktat schreiben, das hatte sogar Hermans Vater eingesehen,
der sonst dafür war, dass neunjährige Jungen ihr leichtes Fieber
10 unterdrücken und sich benehmen wie ein Mann.
Herman versuchte, sich wie ein Mann zu benehmen und spähte
um die Ecke.
Wenn ein Mann ein ungewohntes Geräusch hört, schaut er nach,
was es ist. Auch wenn er leichtes Fieber hat. Auch wenn das Geräusch
15 nicht aus dem Haus kommt, sondern von irgendwo aus dem einsamen Garten.
Aber hinter Hermans Haus gab es keinen einsamen Garten. Es gab eine Terrasse,
und – kein Zweifel – auf der Terrasse war jemand und hustete.
Es war ein riesiges Pferd. Es war größer als alle Tiere, die Herman
bisher in der Nähe seiner Straße gesehen hatte, und es blickte
20 mit seinen riesigen Augen, die aus seinem riesigen Kopf
hervorschauten, in Hermans Richtung.
Herman legte sein angebissenes Butterbrot auf die Ecke
des Couchtisches und machte ein paar Schritte auf das Pferd zu.
Das Pferd machte nur einen Schritt und warf mit seinem
25 gewaltigen Hintern den Gartengrill um.
Obwohl zwischen ihnen die Fensterscheibe war,
konnte Herman erkennen, dass das Pferd Angst hatte.
Seine olivfarbenen Augen blickten mild und ängstlich
und seine gewaltigen Lippen zitterten.
30 Das sah aus, als wolle es gleich anfangen zu heulen.

Lesetagebuch von Malte Taler

Ein Pferd namens Milchmann
von Hilke Rosenboom
Kapitel 1: Montagmorgen,
ein Pferd taucht auf, Seite 5 bis 7
Unser Buch handelt von einem Jungen, der Herman heißt.
Bei Herman stand plötzlich ein Pferd auf der Terrasse.

Das Pferd heißt Milchmann. Vielleicht, weil es so weiß
wie Milch ist.
Bei mir stand noch nie ein Pferd auf der Terrasse!
Das ist also nicht normal.
Herman konnte sehen, dass das Pferd Angst hatte
und fast anfing zu heulen. Aber können Pferde
überhaupt heulen?

Mose fragen, der war schon einmal
auf einem Reiterhof.

Warum hat das Pferd Angst?
- Es wird von bösen Tierfängern verfolgt.
- Es hat einen Reiter abgeworfen und
  der ist nun sehr wütend.
- Es soll zum Schlachthof gebracht werden.
- Es ist aus einem Zirkus abgehauen,
  weil es dort geschlagen wurde.

Das kann nicht sein, denn das Pferd
hat keinen Sattel auf dem Rücken!

Montagmorgen, ein Pferd taucht auf (Fortsetzung)

Herman öffnete die Terrassentür und trat einen Schritt weit hinaus.
Das Pferd zuckte leicht zusammen. „Wahnsinn", sagte Herman.
„Wo kommst du denn her?"
„PPhhrr", machte das Pferd. Herman verstand sofort. Pphhrr hieß
5 natürlich: „WEISS ICH DOCH NICHT, MANN."
Herman stand jetzt so nah am Kopf des Pferdes, dass er seinen
warmen Atem spüren konnte. Das Pferd trug eine Art Stirnband aus
einem schmutzigen Stoff, damit sah es ein wenig aus wie ein
schwedischer Tennisspieler. Oben auf dem Band standen
10 zwei Buchstaben.
„MM, ist das dein Name?", fragte Herman.
„Wofür steht das?"
Er überlegte eine Weile, so lange, bis das Pferd unruhig von
einem Fuß auf den anderen trat.
15 „Magisches Monster könnte es heißen", sagte Herman,
aber das Pferd sah ihn nur abfällig von oben herab an.
„Vergiss es", sagte Hermann. „Ich schätze mal, dass es
etwas Praktisches bedeutet, vielleicht so etwas wie Milch Mann."

Das Lesetagebuch

Das Pferd bewegte seinen riesigen Kopf ein kleines bisschen auf und ab.

20 Nickte es? Oder machte es sich über ihn lustig? Oder schrieb man Milchmann vielleicht in einem Wort?

„Wir bleiben mal bei Milchmann", sagte Herman und versuchte den Tonfall seines Vaters nachzuahmen.

„Na? Milchmann?", fragte Herman und berührte das Pferd vorsichtig am Hals.

25 Der Hals war warm und dick und fest. Das Fell war säbelkurz und seidig. Wenn das Tier den Kopf gesenkt hielt, so wie jetzt, dann waren die riesigen Nasenlöcher auf Hermans Augenhöhe. Man konnte halb reingucken. Innen waren sie rosa, genau wie bei dem alten Friseur in der Stadt, der Herman und seinem Vater immer die Haare schnitt. „Hast du dich vielleicht verlaufen?"

30 Milchmann schüttelte den Kopf. Dabei flog die graue Mähne wild hin und her, und als sie sogar Hermans Gesicht streifte, fühlte sich das hart und borstig an. Dann machte Milchmann einen Schritt auf ihn zu, streckte seinen riesigen Kopf durch die Terrassentür nach innen und linste hinein.

„Stopp!", rief Herman, doch da klapperten schon die Vorderhufe

35 auf dem Parkett.

Die Lesekiste

Montagmorgen, ein Pferd taucht auf (Fortsetzung)

Jetzt stand das Pferd mit hängendem Kopf in der Mitte des Wohnzimmers und sein riesengroßer Hintern drohte, die Bücher in die Bücherwand zu drücken und die Obstschale von der Anrichte zu rasieren.

Herman drängte sich an den Flanken des Pferdes vorbei, um zu sehen,
5 was vorne vor sich ging.

Das Pferd ließ seinen Kopf über den Couchtisch hängen und versuchte, mit seiner Unterlippe die Brotscheibe hochzuflippen, die Herman dort abgelegt hatte. Zuerst gelang das nicht, aber plötzlich stülpte das Pferd die Lippen auf, zeigte eine Reihe riesiger gelber Zähne und verschlang
10 die Brotscheibe, mitsamt eingeritztem Ritter.

Es kaute ein paarmal unentschlossen in die eine und unentschlossen in die andere Richtung. Dann schluckte es und sah Herman herausfordernd an.

Ich weiß jetzt, warum das Pferd Milchmann heißt.
Es liegt nicht an seiner weißen Farbe, sondern an seinem
Stirnband. Dort kann man die Buchstaben MM lesen.
Herman denkt, das bedeutet Milch Mann oder vielleicht
auch Magisches Monster. Ich bin mir da nicht so sicher.
Das Pferd steht jetzt bei Herman im Wohnzimmer!
Oh Mann, meine Mutter würde durchdrehen!
Es kann dort auch nicht bleiben, denn:
- Ein Pferd lebt im Stall und nicht in einem Wohnzimmer.
- Es frisst Heu und Hafer aus Eimern oder Trögen.
- Es braucht jeden Tag viel Bewegung.
- Ein Pferd ist sehr groß.
- ...

Frühstück für ein Ungeheuer (Fortsetzung)

Kein Zweifel. Das Pferd war ihm zugelaufen. Und es hatte Hunger.
Herman saß mit angewinkelten Beinen im Ledersessel seines Vaters.
Sein Gehirn arbeitete auf Hochtouren. Was konnte er dem Pferd anbieten?
Frühstückte ein Pferd überhaupt? Und was schmeckte ihm?

5 HAFER!

Die Frühstücksflocken, fand Herman, waren mit das Schlimmste in seiner
Familie. Es gab immer nur die eine Sorte und es gab sie in rauen Mengen.
Sie schmeckten staubig, mehlig, spelzig, mampfig, dumpf und überhaupt
nicht süß.

10 Das würde dem Pferd gefallen. Zumindest, wenn es wirklich Hunger hat,
schmeckt noch die trockenste Flocke, sagte Hermans Vater immer.
„Warte hier", beschwor Herman das Pferd und wand sich vorbei in
Richtung Küche. Aber das Pferd bewegte sich ohnehin nicht.
Es schien völlig versunken zu sein. Dann hob es den Schweif und äpfelte

15 auf den Teppich, direkt vor den Fernseher.
Das Pferd äpfelte elf Äpfel, einen nach dem anderen. Dann hörte es auf
und sah sich kurz nach hinten um.
Herman fackelte nicht lange. Er schoss in die Küche und zog das
Kehrblech aus dem Besenschrank. Der Duft der Pferdeäpfel schoss hinter

20 ihm her und umhüllte Herman, der vor dem Schrank kniete und fieberhaft
nach einem Gegenstand suchte, mit dem er die Pferdeäpfel auf das
Kehrblech schieben konnte.
Der Handbesen mit seinen weichen Haaren ging schon mal nicht.
Das würde eine schöne Ferkelei werden. Er entschied sich für

25 den Teigschaber, riss die kleine durchsichtige Salatschüssel
aus dem Schrank, schüttete sie
mit Haferflocken voll und flitzte zurück ins Wohnzimmer.
Das Pferd hatte sich unterdessen die drei Äpfel
aus der Obstschale genommen. Den letzten kaute es

30 immer noch. Ehe Herman sich's versah,
steckte es sein riesiges Maul in die Salatschüssel,
mampfte kurz und schlabberte sich mit seiner
großen rosa Zunge um die Lippen.
Dann blickte es Herman gespannt an.

Ein Pferd namens Milchmann (Fortsetzung)

*Ein Tag war vergangen und Milchmann war immer noch da. Herman hatte
seinen neuen Freund vor der neugierigen Nachbarin und der Polizei beschützt und ihn
vor seinen Eltern in der Garage versteckt. Und er hatte einen geheimnisvollen alten Mann
getroffen, der über Pferde wie Milchmann Bescheid zu wissen schien.*

5 Hermans Mutter stand in der Küche und kochte Tee.

„Morgen", sagte Herman.

„Komisch", sagte sie. „Kommst du von oben oder kommst du von draußen?
Ich hätte schwören können, dass du von draußen kommst ..."

„Wo ist Vater?", fragte Herman.

10 „Er hat leichtes Fieber", entgegnete Hermans Mutter. „Aber er will sich
unbedingt aus dem Bett quälen und wenigstens das Auto in die Garage fahren.
Er ist so pflichtbewusst. Der Gute. Er bleibt heute natürlich zu Hause."
Herman spürte, wie das Blut aus seinem Kopf wich und sich in den Füßen
sammelte. „Das kann er nicht. Er muss doch zur Arbeit. Und überhaupt."

15 „Schön, dass du so besorgst bist um Vater", entgegnete seine Mutter und
lächelte Herman an. Dann legte sie sich auf den Teppich im Wohnzimmer,
um ihre Yogaübungen zu machen.

Herman schlich nach oben in sein Zimmer und hoffte auf eine Eingebung.
Er zog sich an und verbrachte die nächste Zeit damit, auf dem Bett zu sitzen

20 und alle zehn Sekunden auf die Uhr zu sehen. Nach zehn Sekunden hatte er
das Gefühl, dass von unten ein Schnüffeln zu ihm heraufdrang.
Nach zwanzig Sekunden hörte er, wie seine Mutter „Puh!" rief.
Nach dreißig Sekunden war aus dem „Puh" ein „Iiih" geworden, das sich
kurz darauf in einen Schrei verwandelte.

25 „Hier riecht es nach Tier!", rief Hermanns Mutter von unten.

„Ich glaube, Kamel."

„Unfug", rief Hermans Vater von oben.

„Dann muss es Tiger sein. Indischer Tiger", rief jetzt Hermans Mutter,
die gerne auf etwas beharrte.

30 „Du machst zu viel Yoga", brummte Hermans Vater.

„Vielleicht sollte ich besser zur Arbeit gehen", rief Hermans Mutter zurück.

Kurze Zeit später hörte Herman, wie die Haustür zuknallte, dann zeigte
das eiernde Geräusch ihres Fahrrades an, dass Hermans Mutter
auf die Straße einbog.

35 Herman füllte Wasser in die Salatschüssel und machte sich auf den Weg
in die Garage.

„Wohin gehst du?", rief Hermans Vater von oben, als Herman leise
die Tür öffnete. „Ich stehe gleich kurz auf und fahre das Auto in
die Garage."

40 „Ganz ruhig!", rief Herman schnell zurück. „Immerhin hast du leichtes
Fieber."

Als Herman vorsichtig die Garage öffnete, erschrak er ein wenig.
Milchmann stand ganz nah am Garagentor. Er sah unglücklich aus. Als
ein Sonnenstrahl sein langes Gesicht traf, hob er den Kopf ein wenig.

45 Dann trank er begierig aus der Salatschüssel und Herman musste noch
zweimal in die Küche und wieder zurücklaufen, bis Milchmanns Durst
gestillt war. Immerhin hustete er nicht mehr. Der riesige Hustenbonbon
schien geholfen zu haben. Milchmann machte einen Schritt auf die Einfahrt
und sah Herman herausfordernd an.

50 „Was klappert denn da auf der Einfahrt?", rief Hermans Vater von oben.
„Ich spiele, dass ich Holländer bin und Holzschuhe anhabe", antwortete
Herman von unten.

„Wann wirst du überhaupt mal groß?", brummte Hermans Vater und
seiner Stimme waren das leichte Fieber und die schwere Enttäuschung

55 deutlich anzumerken.
Die Straße lag in sonniger Stille. Die Idee streifte ihn wie ein lauer
Sommerwind.

Es war riskant, dachte Herman.

Aber die Sache war ohne Ausweg. Hier in der Garage konnte Milchmann

60 über Tag nicht bleiben. Wahrscheinlich war es eine Frage von Minuten,
wann Hermans Vater aufstehen und den Wagen hineinfahren würde.
Dann würde er Milchmann entdecken und ihn achtkantig hinauswerfen.
Es gab nur einen einzigen Ausweg …

Familienband und Geschwisterzoff

Verwandte

Ich hab zwei Omas und zwei Opas,
zwei Onkel und drei Tanten.
Wir machen oft ein Riesenfest
daheim mit den Verwandten.

5 Noch fünf Cousinen, vier Cousins,
die hab ich außerdem.
Zum Spielen such ich mir wen aus,
denn das ist echt bequem.

Am liebsten machen wir das Spiel:
10 „Jetzt rate, wer ist wer?"
„Wer ist der Mann von Mamas Mama?"
„Der Opa Rüdiger."

„Wer ist der Sohn von Papas Papa?"
„Na, Papa. Ist doch klar!"
15 „Der Sohn von Papa?" – „Der bin ich.
Das find ich wunderbar."

Regina Schwarz

Anna und ihr Stammbaum

Letzte Rettung Onkel Theo

Zu ihrem vierzigsten Geburtstag hat die Mutter der 8-jährigen Elli für sich und Papa einen Gutschein für ein Wochenende in Paris geschenkt bekommen.

„Seid ihr verrückt geworden?", ruft Mama und wird ganz rot. Aber man merkt, dass sie sich schrecklich freut.

5 Am nächsten Morgen steht Elli erst ganz spät auf. Als sie in die Küche kommt, sitzen Mama und Papa schon beim Kaffee.

„Wie stellen sie sich das nur vor!", jammert Mama gerade.

„Paris! Ein ganzes Wochenende! Und was ist mit Elli? Das haben sie sich wohl gar nicht überlegt!"

10 Papa kratzt sich am Kopf.

„Na ja", meint er, „vielleicht könnte Elli ja bei deinem Vater bleiben?"

Aber Mama ist entsetzt:

„Du weißt doch genau, dass mein Vater eine Katze hat!

Die ganze Wohnung ist voll mit Katzenhaaren!"

15 „Wie wäre es dann mit meiner Mutter?",

schlägt Papa vor. „Deine Mutter!", ruft Mama.

„Das kannst du doch nicht ernst meinen!

Wie soll Elli ein ganzes Wochenende

in dieser staubigen Umgebung verbringen?

20 Eine Stunde in der Wohnung deiner Mutter,

und sie bekommt keine Luft mehr!"

Papa nickt unglücklich:

„Und was spricht gegen meine Schwester Ingrid?"

Mama schnauft entrüstet: „Deine Schwester! Du weißt genau, wie es bei
25 deiner Schwester zugeht! Außerdem hat sie doch jetzt diesen Badeteich
im Garten, und Elli kann noch gar nicht richtig schwimmen. Ein falscher Schritt,
und sie liegt im Wasser und ertrinkt jämmerlich! Nein, so sehr ich
deine Schwester auch mag, aber Elli ist dort sicher nicht gut aufgehoben."
„Tja, dann weiß ich auch nichts mehr", sagt Papa.
30 „Aber ich weiß was", ruft Elli dazwischen. „Ich bleibe einfach bei Onkel Theo!"
„Kommt nicht in Frage!", sagt Mama sofort. „Onkel Theo hat überhaupt
keine Ahnung von Kindern. Seine Wohnung ist nicht auf Kinder eingerichtet, und
ganz sicher hat er am Wochenende etwas anderes vor, als seine Nichte zu hüten!
Nein, ich glaube, Paris müssen wir uns aus dem Kopf schlagen!"
35 Aber so schnell gibt Papa nicht auf.
„Ich finde, Theo ist eine gute Idee!", sagt er. „Theo mag Elli, und Elli mag Theo.
Er hat keine Katze und keinen Badeteich und seine Wohnung ist ganz sicher
nicht zu staubig, weil nämlich fast nichts drin steht! Und falls doch, können wir
sie ja putzen!"
40 „Genau!", ruft Elli. „Ich rufe ihn gleich einmal an!"

Saskia Hula

Papas Pumpernickelpause

Mein Papa isst gern Trockenbrot,
denn Trockenbrot macht Wangen rot.
Am liebsten isst er Pumpernickel,
und jeder kriegt davon ein Stückel.

5 Der Jochen kriegt den Pimpernuckel,
der Horsti einen Nimperpuckel,
die Uli ihren Numperpickel
und Papa seinen Pumpernickel.

So geht's bei Pipers Nuckelpaupepase
10 nein – Pumpes Paukerpickelnase
nein – Pupers Pimpelpackenause
ach – Papas Pumpernickelpause!

Hans Adolf Halbey

Der Vater ist die Arbeit los

Der Vater ist die Arbeit los.
Der Vater sitzt zu Hause.
Er repariert das alte Rad.
Er repariert die Brause.

5 Er repariert die Küchenuhr.
Er repariert die Spüle.
Er repariert die Lampenschnur
und auch die Kaffeemühle.

Der Vater ist die Arbeit los.
10 Er repariert nicht weiter.
Er lacht nicht mehr. Was macht uns bloß
den Vater wieder heiter?

Peter Maiwald

Plärrgeister und Sauertöpfe

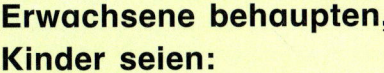
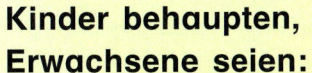
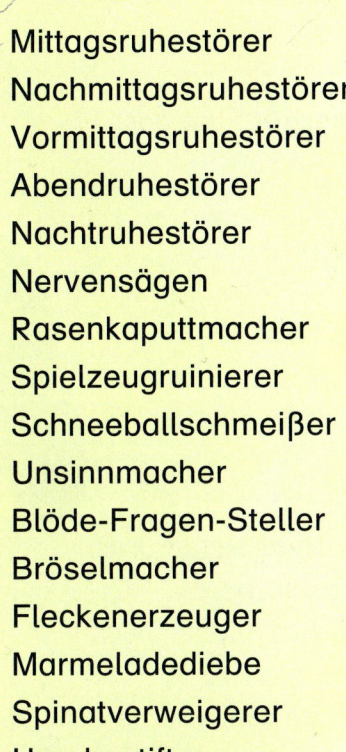

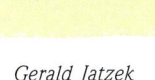

**Erwachsene behaupten,
Kinder seien:**

Mittagsruhestörer
Nachmittagsruhestörer
Vormittagsruhestörer
Abendruhestörer
Nachtruhestörer
Nervensägen
Rasenkaputtmacher
Spielzeugruinierer
Schneeballschmeißer
Unsinnmacher
Blöde-Fragen-Steller
Bröselmacher
Fleckenerzeuger
Marmeladediebe
Spinatverweigerer
Unruhestifter
Schmusemenschen
Plärrhälse
Lärmerzeuger
Störenfriede

**Nette Leute, aber
ziemlich verständnislos**

Gerald Jatzek

**Kinder behaupten,
Erwachsene seien:**

Sonntagvormittagschläfer
Sonntagmittagschläfer
Sonntagnachmittagschläfer
Fernsehfaulenzer
Zu-Bett-Schicker
Spielverderber
Schnellstraßenbauer
Nur-vom-Geld-Redner
Herumbrüller
Naseweise
Nichtswisser
Sauberkeitsfanatiker
Autoblankpolierer
Marmeladeverstecker
Spinatköche
Keine-Zeit-Haber
Seltenschmusemenschen
Sauertöpfe
Leisetreter
Griesgrame

**Nette Leute, aber
ziemlich verständnislos**

Karla, die Hexe und Vanilleeis mit Himbeersoße

Karla Marquardts Eltern wohnen nicht mehr zusammen. Heute besucht sie ihren Vater, der bei seiner neuen Freundin eingezogen ist.

Es ist ein stinknormales Haus. Ich gucke auf die Klingelschilder.
Sechs Wohnungen gibt es, und auf dem Schild oben links steht „I. Gruhn",
5 dazu hat jemand mit Edding „Chr. Marquardt" gequetscht.
Auf einmal hab ich ein mulmiges Gefühl im Magen. „Marquardt" hat doch
auf fremden Klingelschildern nichts zu suchen!
„Karla?"
Ich lege den Kopf in den Nacken. Über mir streckt Papa seinen Kopf
10 aus einem Erkerfenster.
„Geht die Klingel wieder nicht?", ruft er. „Die spinnt manchmal."
Im selben Moment summt der Türöffner.
„Ich komm schon", krächze ich und drücke gegen die Haustür. Mir ist
richtig schlecht.
15 Aber oben ist alles leichter. Die Hexe sagt nur kurz: „Hallo, wie geht's",
dann verzieht sie sich in die Küche, weil sie was auf dem Herd stehen hat.
„Das freut mich jetzt aber", sagt Papa und verwuschelt mir die Haare.
„Achtung, stolper nicht über die Bohrmaschine! Wir haben hier immer noch
das totale Chaos, weil wir so viel umräumen und aufbauen müssen."
20 „Haben Mama und ich auch noch ein bisschen", sage ich und tappe
hinter Papa her. Ich linse durch einen Türspalt. Neben dem Bett
stehen Umzugskartons und an einem von ihnen lehnt ein Rahmen
mit einem Foto von mir drin.
Meine Knie sind der reinste Wackelpudding.
25 Fremde Hexenbetten, in denen Papa schläft und
wer weiß was für Sachen macht, sind mir nicht geheuer.
Aber das mit dem Foto ist so schön.
„Du isst doch was mit uns zu Abend, oder?
Isa macht irgendwas mit Garnelen. Bitte, Karla!"
30 Ich schaue zu Papa hoch. Er sieht mit einem Mal
ganz ernst aus. Und müde. Fast so müde wie Mama!
„Die mag ich aber nicht", flüstere ich.

„Meine Güte, Mädchen, es verlangt ja kein Mensch von dir, dass du
sie magst. Aber du kannst doch nicht so tun, als ob sie Luft wäre! Ihr müsst
35 doch irgendwie miteinander umgehen."
„Ich meine doch nicht die He … also … Isa. Ich mein die Garnelen.
Da erkennt man noch so das ganze Tier."
„Was?" Papa sieht mich verblüfft an. Dann grinst er.
„Ach so. Dann isst du halt nur die Beilagen."
40 „Aber sie mag ich übrigens auch nicht. Also, deine Freundin."
„Ist ja okay", sagt Papa. Besonders begeistert klingt er aber nicht.

„Ich glaub, ich muss jetzt nach Hause", sage ich, als ich mein Wokgemüse
ohne Garnelen und eine Portion Vanilleeis mit Himbeersoße verdrückt habe.
„Mama wundert sich bestimmt schon, wo ich bleibe."
45 Die Hexe stellt die Nachtischschälchen zusammen.
„Du hättest Kathrin ja mal kurz anrufen können, Christoph", sagt sie
vorwurfsvoll.
Schau mal einer an! Die Hexe kennt Mamas Namen, wer hätte das
gedacht? Und vielleicht ist es ihr nicht mal völlig schnuppe, was Mama
50 so denkt. Immerhin!
Ich gehe in den Flur und ziehe meinen Anorak an.
„Irgendwie miteinander umgehen …", geht es mir wieder durch den Kopf.
Da bin ich aber echt nicht die Einzige, die das erst noch hinkriegen muss!
Vielleicht geht es aber auch einfach nicht so schnell. Vielleicht kommt das ja
55 irgendwann von selbst.
„Nett, dass du da warst, Karla", sagt die Hexe. „Bis zum nächsten Mal!"
„Tschüss", sage ich nur.

Nikola Huppertz

*Ob sich Karla doch noch mit Isa
anfreunden kann, erfährst du in
„Karla, Sengül und das Fenster
zur Welt" von Nikola Huppertz.*

Familienregeln

Zeit füreinander
Die Schule, der Beruf oder das Hobby – bei Stress im Alltag leben viele Familien aneinander vorbei. Wichtig ist deshalb, dass die Familie gemeinsame Zeit miteinander verbringt.

- sich füreinander Zeit nehmen
- gemeinsam frühstücken
- gemeinsam Ausflüge unternehmen
…

Gemeinsamkeit macht stark
Gemeinsam entwickelte Regeln und Ziele geben der Familie einen Rahmen, an dem sich alle orientieren.

- ehrlich zueinander sein
- respektvoll miteinander umgehen
…

Vertrauen ist wichtig
Damit in der Familie über alles geredet werden kann, ist es wichtig, dass man sich gegenseitig vertraut.

- sich gegenseitig vertrauen
- dem anderen zuhören
- niemanden auslachen
…

Jeder muss mithelfen
Weniger Stress um die Hausarbeit gibt es, wenn jeder in der Familie weiß, was er zu tun hat.

Jeder, egal ob groß oder klein, übernimmt Aufgaben, die er erledigen kann.
…

Konflikte gehören dazu
Um Unstimmigkeiten klären zu können, müssen einige Grundregeln beachtet werden.

- beim Thema bleiben
- den anderen ausreden lassen
- keine Vorwürfe machen
- gemeinsam Lösungen suchen
…

Karotten im Weltall

Das Baby kam im April auf die Welt.
Wir hatten ein Plakat gemalt, auf dem stand:
Herzlich willkommen von
(deinen Brüdern) Dirk und Andreas!
5 Das Plakat hatten wir über der Tür
zum Schlafzimmer aufgehängt, weil da
die Babywiege drinstand.
Das Baby war winzig klein und auch ziemlich hässlich,
fand ich, aber das sagte ich nicht.
10 Papi meinte nämlich, es wäre das schönste Baby
von der Welt, dabei hatte es ein knallrotes Gesicht,
das war total zerknautscht. Seine Nase war klitzeklein.
Dafür waren die Ohren zu groß und standen ab.
Zehn Wochen später lagen Dirk und ich unter der Bettdecke in meinem Bett
15 und spielten Raumschiff. Ich hatte gerade einen riesigen Meteoriten zerballert,
der unser Schiff rammen wollte, als Dirk sagte, das Baby wäre langweilig.
Man könnte nicht mit ihm spielen, weil es so klein wäre. Und dann sagte er
noch, es ist sowieso doof und stinkt!
Weil Papi tagsüber auf der Arbeit und Mami krank war, machten Dirk und
20 ich den Haushalt. Das Baby windeln durften wir nicht, aber sonst machten wir
alles. Mami war total stolz auf uns. Wir bereiteten auch das Essen
für das Baby zu und manchmal durften wir es sogar füttern. Es konnte
nur Brei essen und zermatschtes Gemüse, weil es ja noch keine Zähne hatte.
Dirk sagte, das Baby dürfte nie in das Raumschiff, weil es seinen Gemüsebrei
25 so oft ausspuckte. Wir würden womöglich auf dem Brei ausrutschen,
dann wäre das Schiff führerlos und wir könnten mit einem Planeten
zusammenknallen.
Das Baby hatte zwar jetzt schon Haare gekriegt und Mami sagte, es würde
auch bald Zähne bekommen. Es gab also doch noch Hoffnung, außer
30 für die Ohren. Aber trotzdem fragten wir uns, warum ein Baby überhaupt
schon auf die Welt kam, wenn es noch gar nicht richtig fertig war und
anderen Leuten nur einen Haufen Arbeit machte. Wir hatten uns einen
kleinen Bruder ganz anders vorgestellt. Am liebsten hätten wir ihn
gar nicht gehabt oder gegen einen neuen umgetauscht.

35 Irgendwann ging es Mami endlich besser und dann kam der Tag, an dem sie zum Arzt ging. Später hat Mami dann Papi erzählt, diesen Tag würde sie nie vergessen. Dirk beschloss nämlich, dass das Baby jetzt alt genug wäre, um Raumschiffadmiral zu werden. Mami war schon über zwei Stunden beim Arzt und ich stand in der Küche und kochte ekligen Babybrei, weil bald Fütterzeit

40 war. Plötzlich hörte ich das Baby schreien.

Ich raste in unser Zimmer und da hatten wir die Bescherung: Dirk hatte das Baby aus der Wiege geholt und in sein Bett gelegt. Dann hatte er eine Packung Kekse geholt, über alles die Decke gezogen und das Raumschiff gestartet. Dirk futterte Kekse und das Baby fand wohl alles ganz toll.

45 Aber dann gab Dirk ihm ein Stückchen Keks, kurz vor der Mondlandung. Das Baby verschluckte sich, hustete und kotzte – platsch! – ins Raumschiff. Die ganze Kommandobrücke war voll mit grünem Gemüsebrei und Krümeln. Das Baby war auch voll mit Brei und Krümeln und ich glaube, es war wütend. Es schrie. Vor lauter Aufregung hatte das Baby sich auch noch

50 in die Hose gemacht. Es stank nach Karotten und alles war ein furchtbares Durcheinander. Ich packte das Baby, rannte ins Badezimmer und legte es dort auf den Wickeltisch.
Es schrie immer noch, aber wie!

Dirk kam hinterher. Er sah sehr erschrocken aus. Ich machte
55 einen Waschlappen nass und wischte dem Baby das Gesicht ab.
Dirk schickte ich in unser Zimmer, damit er das Bettzeug sauber machte.
Dann wollte ich dem Baby neue Windeln umlegen, aber ich konnte es
gar nicht richtig ausziehen, weil es wie wild zappelte. Also rief ich Dirk
zurück. Zu zweit ging es besser. Dirk war so durcheinander, dass er
60 die volle Windel ins Klo schmiss und runterspülte. Es gluckerte kurz und dann
war auch noch das Klo verstopft.
Ich hätte am liebsten geheult.
Aber als wir endlich fertig waren, sah das Baby richtig gut aus, es hatte
nur noch ein paar Krümel in den Ohren.
65 Dann roch es plötzlich ganz verbrannt. Der Geruch kam aus der Küche,
zusammen mit einem Haufen Qualm, weil der Brei übergekocht war.
Dirk rannte in die Küche. Mir war ganz schlecht.
Und dann klapperte es an der Haustür.
Mami war vom Arzt zurück. Sie hat dann alles in Ordnung gebracht.
70 Mami war nicht böse auf uns, aber sie sagte, wir könnten wohl
doch noch nicht alleine auf das Baby aufpassen.
Da fingen wir beide an zu heulen und es tat ihr gleich wieder leid.
Am nächsten Tag kauften wir von unserem Taschengeld eine Packung
von unseren absoluten Lieblingskeksen und legten sie dem Baby in die Wiege.
75 Erst guckte es komisch, aber dann lachte es.
Mami fand es klasse und sie sagte, okay, ihr seid doch zwei große Jungs und
in ein paar Monaten kann das Baby auch richtig mit euch ins Weltall fliegen.
Also erzählten wir dem Baby jetzt beim Füttern und beim Windeln immer,
wie es im Weltraum aussah, und ich glaube, es konnte uns richtig gut leiden.
80 Wir nannten es jetzt auch nicht mehr Baby, sondern Björn. Und eigentlich
war es ja doch ganz toll, einen kleinen Bruder zu haben. Wir wollten ihn
auch nicht mehr umtauschen.
Höchstens vielleicht die großen Ohren.

Andreas Steinhöfel

Bastelspaß und Technikwunder

Kinder als Erfinder

Kinder aus ganz Deutschland haben sich Maschinen und Geräte ausgedacht.
Hier sind einige Ideen:

Emma:
Mit dem von mir erfundenen Piekslöffel kann man Suppen oder Soßen essen und auch mal etwas aufspießen.

Franz:
Ich habe eine Aufräummaschine erfunden.
Sie ist ein Meisterhelfer beim Aufräumen.

Sabina:
Mit meinem Wasserbrief kann man auch Flüssigkeiten verschicken.

Ilse:
Meine Erfindung ist eine Kitzelmaschine.
Damit kann man sich und andere gut unter den Achseln kitzeln.

Jan:
Die Idee für meine Verschwindemaschine hatte ich, als ich meine Schwester wegzaubern wollte.

Manuel:
Ich habe mir eine Tiersprachen-Übersetzungsmaschine ausgedacht. Diese Erfindung übersetzt Tiersprachen in Menschensprache.

Entdecke den Bedarf!

Im Grunde schreit jede unangenehme oder eintönige Tätigkeit
nach einer Erfindung. Erfinde doch etwas, damit man nie wieder
Staub wischen muss!

So neu muss es auch nicht sein!
Viele Erfindungen sind nur Verbesserungen und Ergänzungen
von bereits vorhandenen Dingen. Die Erfindung der Konservendose
war 1810 bestimmt eine tolle Sache. Richtig erfolgreich wurde sie
aber erst, als der Engländer Robert Yates 45 Jahre später
den ersten Dosenöffner konstruierte.

Mach dich schlau!
Ob es einem gefällt oder nicht, die meisten Erfinder waren
gut ausgebildete Leute in ihrem Bereich: Handwerker, Ingenieure,
Professoren. Auch die „ungelernten" Spezialisten haben
alles gelesen, was ihnen auf ihrer Suche hilfreich sein konnte.
Dadurch vermeidet man auch, sich lange mit Problemen
aufzuhalten, die längst gelöst sind.

Und dann noch etwas Geduld!
Die wenigsten Erfindungen haben direkt reibungslos geklappt.
Zum Erfinden gehört eben auch Geduld.

Der größte Erfinder aller Zeiten

„Was ist für dich die beste Erfindung aller Zeiten?", fragt Katharina
ihre Mutter beim Mittagessen.
„Das schnell und sanft gleitende Dampfbügeleisen", sagt Mama und
wirft einen vielsagenden Blick auf den Stapel frisch gewaschener Wäsche,

5 der sich neben dem Bügelbrett auftürmt. „Warum fragst du?"
„Ach, wir haben so schwere Hausaufgaben auf", erklärt Katharina.
„Ich soll aufschreiben, welcher Erfinder meiner Meinung nach der größte ist.
Ich kenne aber keine Erfinder, und deshalb dachte ich …"
„… frag mal deine alte Mutter", unterbricht Mama sie.

10 „Oje, und dann habe ich ausgerechnet heute meinen Hausarbeits-Frust-Tag!
Tut mir leid, Kati. Mit meinem Dampfbügeleisen habe ich dir wohl
nicht viel weitergeholfen, was?"
„Nicht so schlimm", meint Katharina. „Vielleicht gibt es ja
in der Stadtbücherei ein Buch über Erfinder."

15 Gleich nach dem Essen macht sie sich auf den Weg. Aber sie hat Pech.
„Ein Buch?", fragt die Bibliothekarin. „Wir haben mindestens zehn Bücher
über Erfinder. Aber die sind zurzeit alle ausgeliehen. Wahrscheinlich
beschäftigt sich gerade eine Schulklasse mit dem Thema."
„Ja, und ich weiß auch welche", murmelt Katharina enttäuscht vor sich hin.
20 Wegen der Hausaufgaben macht sie sich keine Sorgen.
Wenn Papa von der Arbeit kommt, hilft er ihr bestimmt!
Immerhin weiß Papa sofort, worum es geht. Und er hat auch gleich
eine Lösung parat.
„Wozu gibt es das Internet?", meint er und schaltet den Computer an.
25 „Übrigens, für mich ist das die wichtigste Erfindung: der Computer.
Und das Internet."
„Das sind zwei Dinge, Papa", sagt Katharina. „Und genau da liegt
das Problem. Ich liebe meine Bücher, also müsste für mich eigentlich
die Buchdruckkunst die wichtigste Erfindung sein. Am schönsten ist es aber,
30 abends im Bett zu lesen, und dafür brauche ich Licht!"
„Verstehe", sagt Papa. Er öffnet im Internet eine Suchmaschine und
gibt „Erfinder" ein.

„Und selbst wenn ich mich entscheiden könnte, wüsste ich noch lange nicht, wer die Buchdruckkunst und das Licht erfunden hat", klagt Katharina.

35 „Das waren Johannes Gutenberg und ein gewisser Thomas Edison", sagt Papa und starrt gebannt auf den Bildschirm.

„Hör mal", sagt er und liest vor: „Die drei wesentlichen Eigenschaften eines Erfinders sind: erstens, dass er ein Problem erkennt; zweitens, dass er den Willen hat, dieses Problem auf eine neue kreative Art

40 und Weise zu lösen, und drittens, dass er damit schon einmal erfolgreich war. Ist das nicht spannend?"

„Na ja", murmelt Katharina.

Doch plötzlich hat sie eine Idee. Natürlich, das ist es! Strahlend drückt sie Papa einen Kuss auf die Wange und läuft in ihr Zimmer.

45 Die Hausaufgaben sind so gut wie gemacht.

Der größte Erfinder aller Zeiten ist für Katharina natürlich – ein Geschichten-Erfinder! Und Katharina kennt zufällig den allerbesten: ihren Opa!

Er kennt das Problem, dass Katharina stets neue Geschichten hören will.

Er löst es, indem er immer neue Geschichten erzählt.

50 Und damit ist er jedes Mal äußerst erfolgreich.

Opa ist also ein echter Erfinder. Das wird Katharina ihm morgen sagen, gleich nach der Schule, wenn sie ihn besuchen geht. Und bestimmt erzählt Opa dann wieder eine wunderschöne neue Geschichte …!

Ulli Schubert

Unter Wasser Bläschen machen

Kinder, ein Rätsel! Hört mich an!
Wer es herausbekommt, kriegt Geld! – Wie kann
man unter Wasser Bläschen machen?
Das müsst ihr versuchen – unbedingt! –
In der Badewanne. Und wenn es gelingt,
werdet ihr lachen.

Joachim Ringelnatz

Der Aromat

Angeregt durch Korfs Geruchs-Sonaten,
gründen Freunde einen „Aromaten".

Einen Raum, in welchem, kurz gesprochen,
nicht geschluckt wird, sondern nur gerochen.

5 Gegen Einwurf kleiner Münzen treten
aus der Wand balsamische Trompeten,

die den Gästen in geblähte Nasen,
was sie wünschen, leicht und lustig blasen.

Und zugleich erscheint auf einem Schild
10 des Gerichtes wohlgetroffnes Bild.

Viele Hunderte, um nicht zu lügen,
speisen nun erst wirklich mit Vergnügen.

Christian Morgenstern

Gibt es eine Geheimschrift?

Du brauchst:
- dünne, weiße Kerzen, am besten Weihnachtsbaumkerzen
- Zeichenpapier
- Wasserfarben

So fängt es an:
Nimm die Kerze wie einen Stift in die Hand, aber so, dass du
mit dem unteren, stumpfen Ende malst, und nicht mit der Spitze,
wo der Docht rausguckt.

So geht es weiter:
Jetzt zeichnest du eine Schatzkarte, dein Lieblingstier,
den besten Freund, die beste Freundin oder
du fertigst eine geheime Botschaft an.
Das ist nicht ganz einfach, denn das Wachs,
das die Kerze auf dem Papier hinterlässt, ist ja nicht zu sehen.
Nur beim Blick schräg auf das Papier spiegelt das Wachs, und du
kannst kontrollieren, ob du alles richtig zu Papier gebracht hast.

Und das passiert:
Spätestens, wenn du die Karte brauchst, um den Schatz wiederzufinden,
musst du sie lesbar machen. Das geht ganz einfach mit Wasserfarben.
Du brauchst nur mit dünner Wasserfarbe über das Papier zu pinseln,
und das Gemalte wird sichtbar.

Joachim Hecker

Weitere tolle Experimente findest du in dem Buch „Das Haus der kleinen Forscher – Spannende Experimente zum Selbermachen" von Joachim Hecker.

Doktor Proktors Zeitbadewanne

*Doktor Proktor war mit seiner Erfindung, einer Zeitmaschine,
in die Vergangenheit gereist. Als er von dieser Reise nicht zurückkehrte,
versuchten seine Freundin Juliette und die Kinder Lise und Bulle,
ihm zu helfen.*

5 Juliette riss die Badezimmertür auf und deutete auf die Badewanne.
Sie war bis zum Rand mit Wasser und Seifenblasen gefüllt.
„Das", verkündete Juliette mit bebender Stimme, „ist eine Zeitbadewanne.
Mit dieser Badewanne kann man in Zeit und Raum reisen, wohin man will.
Man muss nur Wasser einlassen, warten, bis die Zeitseife ordentlich schäumt,
10 und untertauchen. Dann konzentriert man sich auf irgendeinen Ort und
eine Jahreszahl plus Datum und die genaue Uhrzeit.
Wutsch – nach sieben Sekunden kann man aufstehen und ist am Ziel.
Man kann reisen, wohin man will, aber nicht mehr als ein einziges Mal."
„Funktioniert das auch sicher, wenn zwei Leute da drin sind?", fragte Lise
15 skeptisch und stieg vorsichtig in die Wanne. Bulle war schon hineingehüpft.
„Ja", sagte Juliette beruhigend. „Proktor und seine Hilfskraft haben das
im Selbstversuch erprobt."

Juliette hielt ein Einmachglas mit erdbeerrotem Pulver hoch.

„Proktor hatte ein wenig Zeitseife aus diesem Glas vor drei Wochen benutzt,
20 als er genau da stand, wo ihr jetzt steht, und sich verabschiedete,
um in die Vergangenheit zu reisen."

„Aber wenn diese Zeitreise nach Plan verlaufen wäre, wäre Proktor jetzt
sicher wieder zurück", sagte Lise. „Was mag passiert sein?"

„Klare Sache", sagte Bulle. „Doktor Proktor hat zu wenig Zeitseife
25 mitgenommen, deswegen kann er nicht zurück."

Juliette schüttete noch ein wenig Seifenpulver nach.

„So, jetzt rührt gut um, dass es ordentlich schäumt."

Bulles Arme rührten im Wasser wie ein Mischmixgerät.

Juliette öffnete eine der beiden blauen Nasenklemmen und ließ sie auf
30 Lises Nase schnappen, plopp!

„Au!", machte Lise.

Juliette gab Bulle die andere.

„Behaltet die unbedingt auf und taucht jetzt unter!"

Sie drehte das Seifenpulverglas zu und gab es Lise.
35 Lise und Bulle holten tief Luft und tauchten in den Seifenschaum.

Jo Nesbø

*Ob die Zeitbadewanne funktioniert?
Und ob Lise und Bulle es wirklich
schaffen, Doktor Proktor zu retten?
Das erfährst du in dem Buch
„Doktor Proktors Zeitbadewanne"
von Jo Nesbø.*

Gestatten, Armstrong

„Gestatten, Armstrong, Weltraum-Spezial-Konstruktionsroboter
der ESAFKI", stellte sich der kleine, blinkende Kasten vor und rollte
auf die Kinder und Opa zu. Die starrten ihm mit offenem Mund
entgegen. Schnuppe fand als Erster die Sprache wieder:

5 „ESAFKI? Was heißt das denn?"
Freundlich erklärte der Weltraumspezialroboter mit einer schnarrenden
Stimme: „Experimente und Spaß-Agentur für Kinder. Wir stehen
im Dienste von Wissenschaft und Forschung. Das heißt", fügte er
grün blinkend hinzu, „wir helfen Kindern beim Durchführen ihrer Ideen.

10 Und ich muss sagen, hier waren so viele Ideen – eine ganz
außergewöhnlich hohe Ideendichte –, da musste einfach einer von uns
herkommen. Hier bin ich also: Armstrong, Spezial-Experimente- und
Spaß-Agent mit dem Zuständigkeitsbereich Weltraum."
Opa Pluto sah ein bisschen verwirrt aus, begrüßte den Kasten

15 auf Rädern aber freundlich, wie es seine Art war:
„Ja dann – willkommen in meiner Küche, Herr Armstrong.
Sie sind nicht zufällig verwandt mit dem berühmten Neil Armstrong,
Sie wissen schon, der erste Mensch, der je einen Fuß auf den Mond
gesetzt hat?"

20 Bläulich blinkend erwiderte Armstrong: „Mein lieber Herr Pluto, ich
muss vermuten, Sie haben Sternenstaub in den Augen. Als Maschine
bin ich natürlich mit keinem menschlichen Wesen verwandt.
Allerdings haben mir meine Konstrukteure die Ehre erwiesen,
mich nach eben jenem Astronauten zu benennen."

25 Aufgeregt scharten sich die Kinder und Opa um Herrn Armstrong,
der alle ihre Fragen geduldig und in bläuliches Licht getaucht
beantwortete.
„Du hilfst uns also wirklich, ins All zu fliegen?", fragte Timo glücklich
und hüpfte vor Freude in Opa Plutos Küche herum.

30 „Exakt!", antwortete Herr Armstrong und sah, soweit man es
seinem Robotergesicht ansehen konnte, hochzufrieden aus.
„Ist das denn nicht etwas gefährlich, Herr Armstrong?", wandte Opa ein.
„Papperlapappschnickschnack", entgegnete Herr Armstrong ein bisschen
beleidigt, „ich bin Spezialagent der ESA, und mein Spezialgebiet

35 sind nicht umsonst Weltraumkonstruktionen, Herr Pluto."

Herr Armstrong rollte aus der Küche und winkte Opa und den Kindern,
ihm zu folgen. Im verregneten Garten bog er um die Ecke hinters Haus
ab. Die Kinder rannten hinter ihm her und kamen vor einer riesigen
Rakete zum Stehen, die im Schutz der höchsten Tanne aufgebaut war.

40 „Bitte schön, werter Herr Pluto", wandte sich Armstrong an Opa,
der endlich auch angekommen war.
„Dies ist die gewünschte Spezial-Sicherheitsrakete."
Fassungslos umkreisten die vier die wunderschöne Rakete und
fragten sich, wann sie wohl aus diesem Traum aufwachen würden.

45 „Können wir mal reingehen?", fragte Albertina beeindruckt.
Das, meinte Herr Armstrong aber, sei noch nicht möglich,
der Innenausbau würde noch etwas Zeit in Anspruch nehmen.
Schnuppe war noch nicht überzeugt:
„Aber, Herr Armstrong, wie sollen wir den mit der Rakete abheben

50 und bis ins All fliegen? Ich meine, wir brauchen doch ganz schön
viel Schwung, um hochzukommen, oder?"
Herr Armstrong blinkte rötlich und sagte:
„Gute Frage, lieber Herr Schnuppe, aber keine Sorge.
Wir haben natürlich Treibstoff an Bord und

55 zum Abheben bedienen wir uns des Rückstoßprinzips."
„Rückstoßprinzip?", wiederholte Schnuppe und
sah aus wie ein lebendes Fragezeichen.
„Klar, Schnuppe, wie bei der Brauserakete,
die Opa mit uns letzten Sommer gebaut hat",

60 sagte Albertina aufgeregt.
„Die gebastelte Rakete mit dem
Sprudeltablettentreibstoff, die echt abgehoben ist."

Joachim Lerch, Ute Löwenberg

Wie funktioniert eine Brauserakete?

Das brauchst du

- eine Filmdose
- ein Blatt Papier (A4, farbig) für den Rumpf der Rakete
- ein Blatt Papier (A4, farbig) für die Flügel
- ein Blatt Papier (A4, farbig) für die Raketenspitze
- etwas Alleskleber und Klebefilm
- Brausetabletten

Zur Vorbereitung

Beginne mit dem Raketenrumpf. Das große Blatt wird um die nach unten geöffnete Filmdose gewickelt. Damit das Papier gut befestigt ist, verwende ein Stück Klebefilm.
Damit der Deckel der Filmdose wieder gut draufpasst, lass unten etwas Platz.

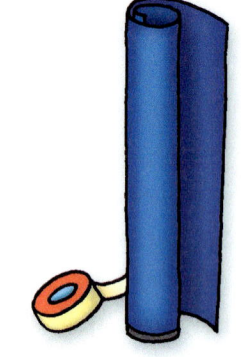

Nun kommt die Raketenspitze dran: Zeichne mit einem Stift und einem Glas einen Kreis auf das Papier. Schneide ihn aus und mache einen Schnitt vom Rand bis zum Mittelpunkt des Kreises.
Mit einem zweiten Schnitt kannst du den überflüssigen Teil des Kreises entfernen.
Mit dem roten Rest des Kreises kannst du nun einen Kegel herstellen. Probiere aus, wie groß er sein muss, damit er auf den Rumpf passt.

Klebe nun die Spitze auf den Raketenstumpf.
Die Rakete ist zwar schon fertig,
du kannst aber gerne
ein paar Flügel anbauen.

Nun geht's los

Geh mit deiner Rakete nach draußen.

Gieße einen Esslöffel Wasser in die Filmdose. Verschließe sie und prüfe, ob auch kein Wasser ausfließen kann.

Nun öffne die Dose wieder und wirf eine halbe Brausetablette hinein. Nun muss es schnell gehen! Setze den Deckel der Filmdose wieder fest drauf und stelle die Rakete mit dem Deckel nach unten auf den Boden. Geh ein paar Schritte zurück und beobachte den Raketenstart.

Achtung! Bitte nicht von oben auf die Rakete blicken, sonst fliegt sie dir ins Auge!

Erklärung

Wenn die Brausetablette mit dem Wasser in Kontakt kommt, bilden sich kleine Bläschen aus Kohlenstoffdioxid. Das Gas benötigt mehr Platz, sodass der Druck in der Filmdose ansteigt.

Am Anfang hält der Deckel den Druck noch aus, aber dann platzt er auf, und das Wasser wird nach unten geschleudert. Nach dem Rückstoßprinzip fliegt die Rakete in die genau entgegengesetzte Richtung los.

Joachim Lerch, Ute Löwenberg

Abenteuerlust und Heldentat

Wer ist eine Heldin oder ein Held?

Kann man Held von Beruf sein?

Wenn jemand etwas macht,
das anderen viel zu schwer ist,
ist der dann ein Held?

Ist ein Held jemand,
der besonders mutig ist?

Ist ein Held jemand,
der es wagt, etwas Neues
auszuprobieren?

Ist ein Held immer ernst oder
kann er auch lustig sein?

Ist ein Held jemand,
der sich für andere einsetzt?

Ist ein Held besonders stark,
schnell und ausdauernd?

Wenn jemand etwas beginnt,
das eigentlich aussichtslos ist,
ist der dann ein Held?

Mauseballädchen

Mäuse, Mäuse, kleine Mäuse,
in der Ecke tickt die Uhr.
Wehe, vor dem Mausgehäuse
hockt der Kater Murrdibur!

Mäuse, Mäuse, kleine Mäuse,
immer sind die Katzen da!
Wehe, aus dem Mausgehäuse
schlüpft die Maus Cä-ci-li-a.

Mäuse, Mäuse, kleine Mäuse,
Murrdibur fing, blind und barsch,
eine Mäusin vorm Gehäuse.
Piept den Mause-Trauermarsch!

Mäuse, Mäuse: Mausebraten
seid ihr, wenn die Katz euch frisst!
Stempelt nicht zu Heldentaten,
was nur dumm und töricht ist!

Mein Urgroßvater steckte die Tüte, von der er das Gedicht abgelesen hatte,
wieder ein, und ich sagte: „Ein hübsches Ballädchen, Urgroßvater! Es zeigt aber
nur, was nicht zu einem Helden gehört."
„Eben dadurch, Boy, lässt sich herausfinden, was zu einem richtigen Helden
gehört. Es gehört zum Beispiel zu einem Helden, dass er die Gefahr einigermaßen
abschätzen kann, in die er sich begibt. Sich blindlings in Gefahren stürzen,
wie diese Maus Cäcilia, macht noch keinen Helden."

James Krüss

Siegfrieds Schwert

Jung Siegfried war ein stolzer Knab,
ging von des Vaters Burg herab.

Wollt rasten nicht in Vaters Haus,
wollt wandern in alle Welt hinaus.

5 Begegnet ihm manch Ritter wert
mit festem Schild und breitem Schwert.

Siegfried nur einen Stecken trug,
das war ihm bitter und leid genug.

Und als er ging im finstern Wald,
10 kam er zu einer Schmiede bald.

Da sah er Eisen und Stahl genug;
ein lustig Feuer Flammen schlug.

„O Meister, liebster Meister mein,
lass du mich deinen Gesellen sein.

15 Und lehr du mich mit Fleiß und Acht,
wie man die guten Schwerter macht!"

Siegfried den Hammer wohl schwingen kunnt:
Er schlug den Amboss in den Grund.

Er schlug, dass weit der Wald erklang
20 und alles Eisen in Stücke sprang.

Und von der letzten Eisenstang
macht er ein Schwert so breit und lang:

„Nun hab ich geschmiedet ein gutes Schwert,
nun bin ich wie andre Ritter wert;

25 nun schlag ich wie ein andrer Held
die Riesen und Drachen in Wald und Feld."

Ludwig Uhland

Superman

Clark Kent vom Planeten Krypton ist
als Kind auf der Erde gelandet.
Er hat Superkräfte. Auf der Erde lernt er,
seine Superkräfte zu verbergen.
5 Er arbeitet verkleidet als unscheinbarer
Reporter beim „Daily Planet" in Metropolis.
Doch immer wieder muss er seine
Verkleidung ablegen, um als Superman die
Bösewichte der Welt wie seinen Erzfeind
10 Lex Luthor zu bekämpfen.

Das Einzige, was Superman gefährlich
werden kann, ist ein Stein aus seiner
Heimatwelt. Der Stein heißt Kryptonit.
Dieser Stein kann Superman seine Kraft
15 entziehen. Das nutzen seine Feinde immer
wieder aus.

Jerry Siegel und Joe Shuster haben sich
die Heldenfigur Supermann ausgedacht.
Die Comicfigur Superman und das damit
20 verbundene Comicheft gibt es schon seit
dem Jahr 1938. Damit ist das Comicheft
das am längsten erscheinende der Welt.

Nicht nur in Comicheften und Comicserien,
sondern auch in Film und Fernsehen war
25 Superman erfolgreich.

Achtung, Knoblauchbomben!

Es war so still auf dem Friedhof, dass Max' Nackenhärchen sich aufstellten. Vielleicht war es doch keine so gute Idee gewesen, noch so spät hierherzukommen. In wenigen Minuten ging die Sonne unter und dann brach die Stunde der Vampire an.

⁵ Max tastete nach dem Holzpflock, der in seinem Gürtel steckte. Er hatte ihn aus einem abgebrochenen Stuhlbein geschnitzt. Ganz ohne Hilfe. Darauf war er besonders stolz.

Sollte ein Vampir ihn angreifen, würde er ihn damit aufspießen. Vorher musste Max jedoch ein Foto von ihm machen. Zum Beweis, dass es die Blutsauger

¹⁰ wirklich gab. Dann würde Trixie nie wieder über ihn lachen. Im Gegenteil. Seine Schwester würde einen Schreikrampf bekommen und sich für den Rest ihres Lebens unter der Bettdecke verkriechen. Max grinste bei dieser Vorstellung. Warum müssen ältere Schwestern auch so fürchterlich nervig sein? In diesem Moment ging die Sonne unter und es wurde stockduster.

¹⁵ Gleichzeitig fuhr ein Wind durch die Bäume und ließ die Blätter bedrohlich rascheln. In Max' Ohren klang es wie das Wispern unzähliger Geister. Er schauderte und kramte hastig seine Taschenlampe hervor. In ihrem bleichen Licht wirkte der Friedhof noch viel unheimlicher. Die alten schiefen Grabsteine sahen wie gigantische Zähne aus, die jede Sekunde nach

²⁰ ihm schnappen konnten. Und die Dunkelheit selbst schien voller lebendiger Schatten.

„Die sind nicht wirklich da", sagte Max sich. Trotzdem raste sein Herz wie der Sekundenzeiger einer Uhr.

Max ging weiter. Er würde nicht davonlaufen. Nicht so kurz vorm Ziel.

²⁵ Bestimmt dauerte es nicht mehr so lange, bis er auf einen Vampir stieß. Plötzlich sah er ein Licht. Ob Vampire auch Taschenlampen benutzten? Max schaltete seine eigene aus und ging hinter einem Grabstein in Deckung. Beim großen Drakula, da vorne war ein leibhaftiger Vampir! Max' Magen schlug einen Purzelbaum. Der Vampir stand vor einem offenen Grab, aus

³⁰ dem er gerade geklettert sein musste. Neben ihm auf dem Grabstein lag eine Taschenlampe. Dummerweise leuchtete sie in die falsche Richtung, sodass Max das Gesicht des Vampirs nicht erkennen konnte.

Egal, es musste auch so gehen. Max zog die Digitalkamera seines Vaters aus der Jackentasche. Ob man Vampire fotografieren konnte?

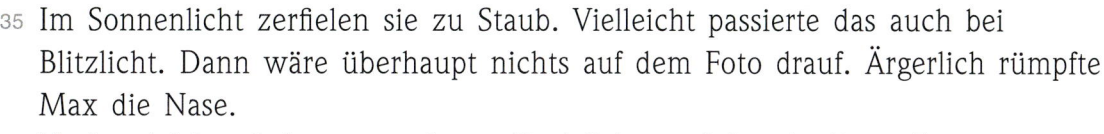

35 Im Sonnenlicht zerfielen sie zu Staub. Vielleicht passierte das auch bei
Blitzlicht. Dann wäre überhaupt nichts auf dem Foto drauf. Ärgerlich rümpfte
Max die Nase.
Na ja, gleich würde er es wissen. Er drückte auf den Auslöser. Für wenige
Sekunden wurde der Friedhof taghell erleuchtet.

40 Der Vampir schrie entsetzt auf und torkelte zurück. Max erschrak ebenfalls
und hätte fast die teure Kamera fallen lassen.
Bloß weg hier!, dachte er, doch da stürzte der Vampir bereits kopfüber in
das Grab.
Max stand mit offenem Mund da. Was sollte er jetzt tun? Nachschauen,

45 was aus dem Vampir geworden war? Aber war das nicht viel zu gefährlich?
Seine Neugier siegte. Er überprüfte den Sitz des Pflocks und tauschte
die Kamera gegen eine Wasserbombe aus frisch gepresstem Knoblauchsaft.
Als Max sich dem Grab näherte, konnte er den Vampir fluchen hören.
Er blieb stehen. Im nächsten Augenblick schob sich der Kopf des Blutsaugers

50 über den Rand des Grabes. Jetzt oder nie, dachte Max.
Mit aller Kraft schleuderte er die Knoblauchbombe in die Richtung
des Vampirs. Wums. Sie traf den Vampir mitten ins Gesicht.
„Sieg!", jubelte Max und wartete darauf, dass der Kopf des Vampirs
explodierte.

55 Aber nichts passierte. Außer dass der Vampir unglaublich wütend wurde.
Mit einem Satz sprang er aus dem Grab und kam auf Max zugestürmt.
Auweia, das war gar kein Vampir!
Das war Herr Grimm, der Friedhofswächter.
„Max Helsing! Ich hätte mir ja gleich denken können, dass du das bist",

60 fuhr er ihn an. Er packte Max am Ohr und schleifte ihn zum Friedhofstor.
„Wegen dir stinke ich jetzt wie ein Knoblauchbrot!" Herr Grimm funkelte
Max böse an.
„Wenn ich dich noch einmal hier erwische, werde ich die Polizei rufen,
dann wanderst du in den Knast!" Der Friedhofswächter warf das Tor zu

65 und schloss ab.
Max rieb sich sein schmerzendes Ohr. Für heute konnte er die Vampirjagd
vergessen. Mit seinem Gebrüll hatte Herr Grimm bestimmt alle Blutsauger
vertrieben.

Michael Borlik

Pippi und der starke Adolf

Der starke Adolf und der Zirkusdirektor treten in die Manege.
Pippi, Annika und Thomas sitzen im Publikum.

Zirkusdirektor: Meine Damen und Herren, ich präsentiere Ihnen
den stärksten Mann der Welt, den starken Adolf!

Adolf verbeugt sich. Die Leute applaudieren. Er hebt Gewichte und biegt Eisenstangen,
um zu zeigen, wie stark er ist. Das Publikum schaut auf ihn und staunt.

Zirkusdirektor: Und jetzt, meine Damen und Herren, komme ich mit einem feinen Angebot:
Wer von Ihnen wagt es, einen Ringkampf mit dem starken Adolf aufzunehmen?
Wer wagt zu versuchen, den stärksten Mann der Welt zu besiegen?
Hundert Kronen werden ausgezahlt an den, der den starken Adolf besiegen
kann. Hundert Kronen, bedenken Sie, meine Damen und Herren.
Bitte sehr! Wer tritt vor?

Pippi: Was hat er gesagt?

Thomas: Er hat gesagt, dass der, der den großen Mann da verhauen kann,
hundert Kronen bekommt.

Pippi: Das kann ich. Aber ich finde, es kann einem leidtun, ihn zu verhauen.
Er sieht so nett aus.

Annika: Nein, Pippi, das kannst du wohl nicht, das ist ja der stärkste Mann der Welt!

Pippi: Mann ja, aber ich bin das stärkste Mädchen der Welt, musst du bedenken.

Der Zirkusdirektor schwenkt mit den Hundertkronenscheinen.

Zirkusdirektor: Na, meine Herrschaften, wenn wirklich niemand hier ist, der hundert Kronen
verdienen will, werde ich gezwungen sein, sie für mich zu behalten.

Pippi: Nein, das meine ich wirklich nicht.

Pippi klettert über die Barriere in die Manege.
Der Zirkusdirektor ist ganz außer sich und faucht, als er Pippi sieht.

Zirkusdirektor: Geh! Verschwinde. Dies hier ist nichts für dich.

Pippi: Warum musst du so unfreundlich sein?
(vorwurfsvoll) Ich will ja bloß mit dem starken Adolf kämpfen.

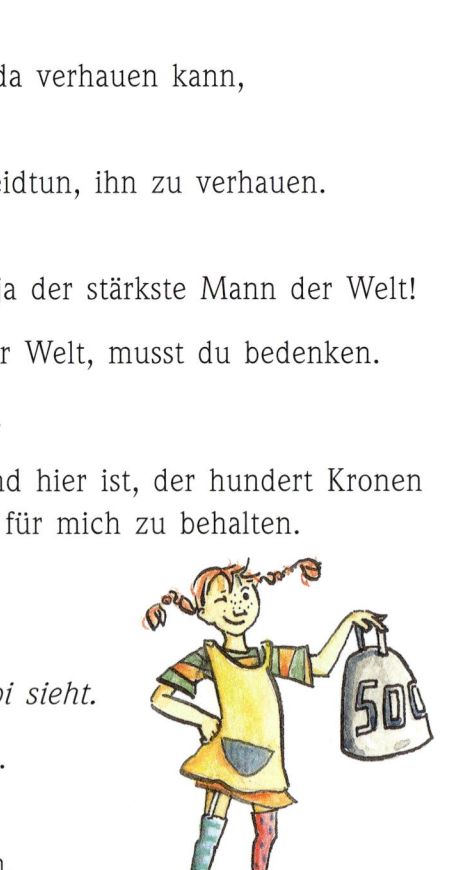

Zirkusdirektor: Das hier ist kein Platz für Späße, geh nur, bevor der starke Adolf
deine Unverschämtheiten hören kann.

*Pippi geht an dem Zirkusdirektor vorbei direkt zu dem starken Adolf hin.
Sie fasst seine große Hand und schüttelt sie herzlich.*

Pippi: Na, wollen wir beiden ringen, du und ich?

Der starke Adolf sieht sie an und begreift nichts.

Pippi: So, pass auf, Adolf! Der Ringkampf beginnt!

*Pippi packt den starken Adolf mit kräftigem Griff und legt ihn auf den Boden.
Sie steht mit verschränkten Armen da und wartet, während Adolf sich erbost aufrappelt.*

Thomas und Annika: Heja, Pippi!

Publikum *(begeistert)*: Heja, Pippi!

*Der Zirkusdirektor sitzt verärgert auf der Barriere und ringt die Hände. Adolf ist
sehr wütend. Er stürmt auf Pippi los und greift sie. Aber sie steht da wie ein Felsen.*

Pippi *(aufmunternd)*: Das kannst du besser.

*Pippi löst sich aus seinem Griff und im nächsten Augenblick liegt der starke Adolf
wieder auf seinem Teppich. Pippi steht daneben und wartet.
Der starke Adolf erhebt sich mit Gebrüll und stürmt wieder auf Pippi los.*

Pippi: Dideldibum und dideldidei!

*Pippi hebt den starken Adolf hoch und trägt ihn mit ausgestreckten Armen
rund um die Manege. Dann legt sie ihn wieder auf den Teppich und hält ihn fest.*

Pippi: Na, Alterchen! Ich glaube, wir machen nicht mehr weiter.
Mehr Spaß als bis jetzt gibt es jedenfalls nicht mehr.

Publikum *(applaudierend)*: Pippi hat gesiegt. Pippi ist Sieger!

*Der starke Adolf steht auf und macht sich so schnell er kann davon.
Der Zirkusdirektor geht unwillig zu Pippi hin. Zögerlich streckt er ihr
den Hundertkronenschein entgegen. Pippi lehnt das Geld ab.*

Pippi: Behalt nur deine Papierlappen, die will ich gar nicht haben.
Gib sie dem starken Adolf und sag ihm, er soll sich dafür
eine stärkere Meduzin kaufen, denn die braucht er.

nach Astrid Lindgren

Großvater in Gefahr

Großvater kletterte bergauf, sehr schnell, als wäre er ungeduldig.
Zu ihren Füßen lag die Wolke wie ein großes Milchmeer und vor ihnen
war der Gipfel des Berges mit den beiden Höhlen, die wie zwei Augen
auf sie herabstarrten. Und genau da, als Großvater nur noch ein paar Meter
5 vom Höhleneingang entfernt war, geschah das Furchtbare.

Vielleicht waren die Steine schlüpfrig geworden vom Regen.
Oder Großvater hatte es zu eilig gehabt, zur Höhle zu gelangen.
Jedenfalls rutschte plötzlich sein Fuß ab, er schwankte. Die Kinder sahen,
wie er taumelte und wild mit den Armen durch die Luft ruderte,
10 um das Gleichgewicht wiederzugewinnen, und dann fiel er.
Er kullerte den steinigen Abhang hinunter. Im Fallen riss er Steine mit,
es krachte unschön in der Stille und dann landete er mit einem dumpfen
Plumps in einer Felsspalte. Sie hörten, wie er ein bisschen stöhnte, und
einen Augenblick glaubten die Kinder, dass er zu Tode gestürzt wäre.
15 Doch dann sahen sie, wie er sich wand. Sein Gesicht war verzerrt, als täte
ihm etwas wahnsinnig weh, und dann hörten sie, dass er etwas sagte.
„Alter Trottel", sagte er wie zu sich selbst. „Jetzt hast du dir
etwas Schönes eingebrockt. Du Supertrottel."
Und sie wussten, dass eine Katastrophe passiert war.

20 Marcus wagte sich als Erster zu ihm hin.
Großvater lag ganz still auf der Erde. Den Rucksack hatte er noch
umgeschnallt und er sah mit einem etwas komischen Lächeln
zu Marcus auf, als hätte er starke Schmerzen, als schämte er sich
aber auch ein bisschen und möchte sich am liebsten entschuldigen.
25 „Wie geht's?", fragte Marcus.
Großvater grummelte etwas und versuchte, sich von seinem Rucksack
zu befreien; aber irgendetwas tat ihm anscheinend furchtbar weh und
er ließ es bleiben.
„Ich glaube", sagte er, „Ich habe mir das Bein gebrochen. Ja, bestimmt.
30 Ich habe mir tatsächlich das Bein gebrochen."
„Sollen wir wieder nach Hause gehen?", fragte Marcus.
Großvater versuchte zu lachen. Aber es hörte sich komisch an, überhaupt

nicht wie das gewöhnliche ruhige und ziemlich nette Lachen, das er sonst hatte.

„Das kann ich wohl nicht", sagte er. „Ich wollte, ich könnte es."

35 „Was machen wir denn jetzt?", fragte Mina.

Und ihr war anzumerken, dass sie begriffen hatte, wie schlimm es jetzt
um sie alle stand und dass etwas sehr, sehr Schlimmes geschehen war.
Denn ihre Stimme bebte, als sie die Frage stellte.

Und da, genau da, fing es an zu regnen. Es war nicht der leichte Regen

40 von vorher, es war ein schwerer, richtig unangenehmer Regen und
plötzlich sahen sie, dass es nicht nur Regen war, es war Schneeregen,
Regen mit Schnee vermischt, kalt und ekelhaft.

Und auf einmal hatten sie alle große Angst.

Es war, als hätte Großvater keine Antworten mehr auf all ihre Fragen.

45 Er lag nur da auf der Erde mit verzerrtem Gesicht, als hätte er
starke Schmerzen, und versuchte den Rucksack abzustreifen.

„Opa", sagte Moa und brach in Tränen aus.

Was sollten sie tun? Großvater hatte endlich den schweren Rucksack
abgeschnallt. Er lag da auf der Erde, keuchte schwer und schaute zur Höhle

50 hinauf, die er nur um wenige Meter verfehlt hatte. Der Schneeregen fiel
immer dichter. Sie fühlten sich kalt und elend. Sie waren vom Basislager Eins
in der ersten Höhle fünf Stunden unterwegs gewesen und Großvater
hatte sich das Bein gebrochen.

Was sollten sie bloß tun?

55 „Wir müssen da hinauf", sagte Großvater. „Wir müssen einander helfen.
Sonst erfrieren wir, wenn wir nicht in der Höhle Schutz finden."

„Du kannst aber nicht gehen", sagte Marcus und weinte verzweifelt.

„Wie sollen … wie können wir …"

Großvater hörte auf zu stöhnen und sah ihn an.

60 „Marcus", sagte er. „Stell dir vor, man könnte mit dem Rad an einer Tanne
hochfahren. Kannst du dir das vorstellen?" Marcus schluchzte nur.

„Stell es dir vor!", sagte Großvater.

„Stell dir vor, man kann eine Tanne hinauffahren."

„Jaaaa …"

65 „Dann schafft man es auch da hinauf. Ich kann nicht mit dem Rad fahren und
gehen auch nicht, aber ich kann kriechen. Okay?"

„Okay", sagte Marcus und hörte auf zu schluchzen.

„Gut", sagte Großvater.

„Wenn du den Rucksack nimmst, dann helfen Mina und Ia mir zu kriechen."

70 Und so machten sie sich an den Aufstieg.

Hinterher konnten sie sich fast nicht daran erinnern, wie sie es geschafft hatten.
Es musste fast eine Stunde gedauert haben, die fünfundzwanzig Meter
bis zur Höhle hochzukommen; Ia und Mina schleppten Großvater, er ließ
die eine Seite schleifen, und man sah ihm an, dass das gebrochene Bein

75 schrecklich wehtat. Als Letzter kam Marcus, der den Rucksack den
steilen Felspfad hinaufschleppte, Dezimeter um Dezimeter.

„Kämpfen, Marcus!", sagte Großvater dann und wann.

Als ob sie nicht alle kämpften.

Denn das taten sie wirklich. Endlich erreichten sie die Höhle.

Per Olov Enquist

Außer Atem

**Grundausstattung
der Bergsteiger:**

Zelt
Schlafsack
Isomatte
Kocher
Eispickel
Steigeisen
Handschuhe
Gletscherbrillen
Proviant
Fotoapparat
Kletterhilfen
Atemgerät
Helm
Seil
Haken

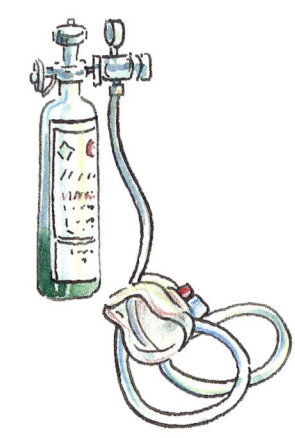

Der Aufstieg zum Gipfel des Everest
ist alles andere als ein Spaziergang:
In großer Höhe blendet die Sonne
schmerzhaft die Augen, der eisige Wind
kühlt den Körper aus und die Luft ist
äußerst dünn.
Die dünne Luft stellt das größte Problem
für die Bergsteiger dar.
Auf Meeresniveau ist die Luft
sauerstoffreich. Mit zunehmender Höhe
aber sinkt der Sauerstoffanteil, bis er
im Gipfelbereich so niedrig ist,
dass man nur noch hastig
und flach atmen kann.
Die geringste Anstrengung führt
zur Erschöpfung.

Richard Platt

Auf den Gipfel des Mount Everest (8848 m)

*Viele Bergsteiger versuchten, den Gipfel des höchsten Berges der Welt
zu erklimmen. Doch bislang war es keinem gelungen.
Eine Expedition[1] wollte es jetzt endlich schaffen.*

29. Mai 1953

5 Hillary und Tenzing wurden ausgewählt, den Vorstoß auf den Gipfel zu wagen.
Drei Teilnehmer der Expedition halfen ihnen dabei, die schwere Ausrüstung
hinaufzutragen. Das konnten sie bis zu einer Höhe von 8500 Meter tun.
Dort ließen sie Hillary und Tenzing allein. Die beiden Männer übernachteten
auf einer schmalen Felsplatte. Als sie aufwachten, war es furchtbar kalt

10 in ihrem Zelt. Sie zogen alles an, was sie dabei hatten, und begannen
mit dem Aufstieg zum Gipfel.

Es war 6:30 Uhr. Ihr Weg führte durch losen Schnee am Grat entlang.
Beide wussten, dass sie in großer Gefahr schwebten. Sie gingen aber
entschlossen weiter. Gegen 9:00 Uhr waren sie schon höher hinaufgestiegen

15 als die anderen, die es vor ihnen versucht hatten. Plötzlich begann Tenzing
zu röcheln. Hillary stellte fest, dass die Sauerstoffmaske von Tenzing
innen vereist war. Er bekam deshalb keine Luft mehr. Verzweifelt bog Hillary
an den Gummischläuchen herum. Dadurch löste sich die Eiskruste
in den Schläuchen. Tenzing konnte wieder atmen.

20 Erleichtert stiegen sie weiter bergan. Über tückische Eisspalten ging es
dem Gipfelgrat entgegen.

Dann hatten sie es geschafft. Hillary stand zuerst auf dem
höchsten Punkt der Erde. Tenzing schleppte sich zu ihm hinauf.
Sie hatten es jetzt beide geschafft.

25 Sie gaben sich die Hand. Als ihnen klar wurde, was sie geleistet
hatten, fielen sie sich vor Freude in die Arme.
Sie hatten nur einen knappen Vorrat an Sauerstoff. Deshalb durften
sie hier nicht länger bleiben. Hillary machte ein paar Fotos und
sammelte einige Steinchen als Souvenir. Dann begannen die beiden

30 Bergsteiger mit dem Abstieg. Sie mussten zurück ins Lager. Hillary
und Tenzing waren nun die berühmtesten Bergsteiger der Welt.

nach Richard Platt

[1]*Expedition, hier: Forschergruppe in unbekanntes Gebiet*

Dickhäuter und Plagegeister

Da lachen selbst die Hühner

Die kleine Mücke darf heute zum ersten Mal
alleine über das Freibad fliegen.
„Na, wie war's?", fragt die Fliegenmami,
als ihre Tochter wieder heimkommt.
„Toll", sagt die kleine Mücke.
„Wo ich auch hinkam, haben die Leute geklatscht!"

Frau Spinne geht einkaufen.
Sagt Herr Spinne:
„Nimm das Netz mit!
Plastiktüten sind umweltschädlich!"

Ein Elefant klettert auf einen Baum und
kommt nicht mehr runter.
Jammert er: „Was soll ich jetzt bloß machen?"
Sagt sein Kumpel: „Setz dich auf ein Blatt und
warte, bis es Herbst wird."

Zwei Moskitos fahren Motorrad.
Zieht einer davon eine Schutzbrille auf,
worauf der andere fragt:
„Wozu soll das denn gut sein?"
„Damit mir kein lästiges Ungeziefer in die Augen fliegt."

Tierisch gut!

Sie ist eine Leseratte.

Sie kann keiner Fliege etwas zu Leide tun.

Er hört die Flöhe husten.

Mach aus einer Mücke keinen Elefanten.

Ihm ist eine Laus über die Leber gelaufen.

Er benimmt sich wie ein Elefant im Porzellanladen.

Jetzt mach 'ne Fliege!

Damit schlägt man zwei Fliegen mit einer Klappe.

Punkt, Punkt, Komma, Strich, fertig ist das ...

Nashorn

Aus diesem Sofa zeichnet ihr

ein ganz besonders wildes Tier.

Der eine nennt es Nashorn bloß,
der andre sagt Rhinozeros.

Elefant
Mach ein Bäumlein mit der Hand;
wirst sehn, das wird ein Elefant.

Mach den Stamm noch länger, und
lege Steinchen auf den Grund.
Denn die Steine, rund und klein,
sollen seine Zehen sein.

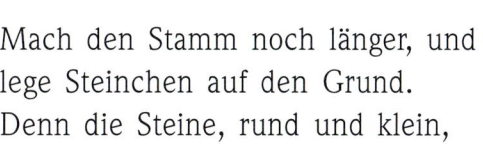

Zwei Zähne hier,
zwei Augen da:

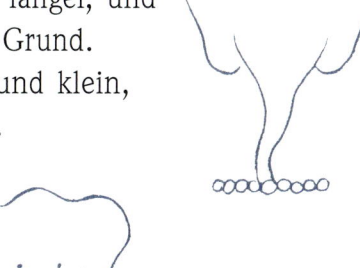

der Elefant aus Afrika!

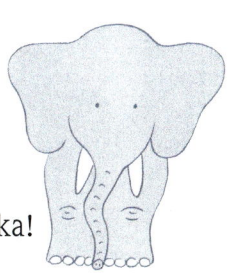

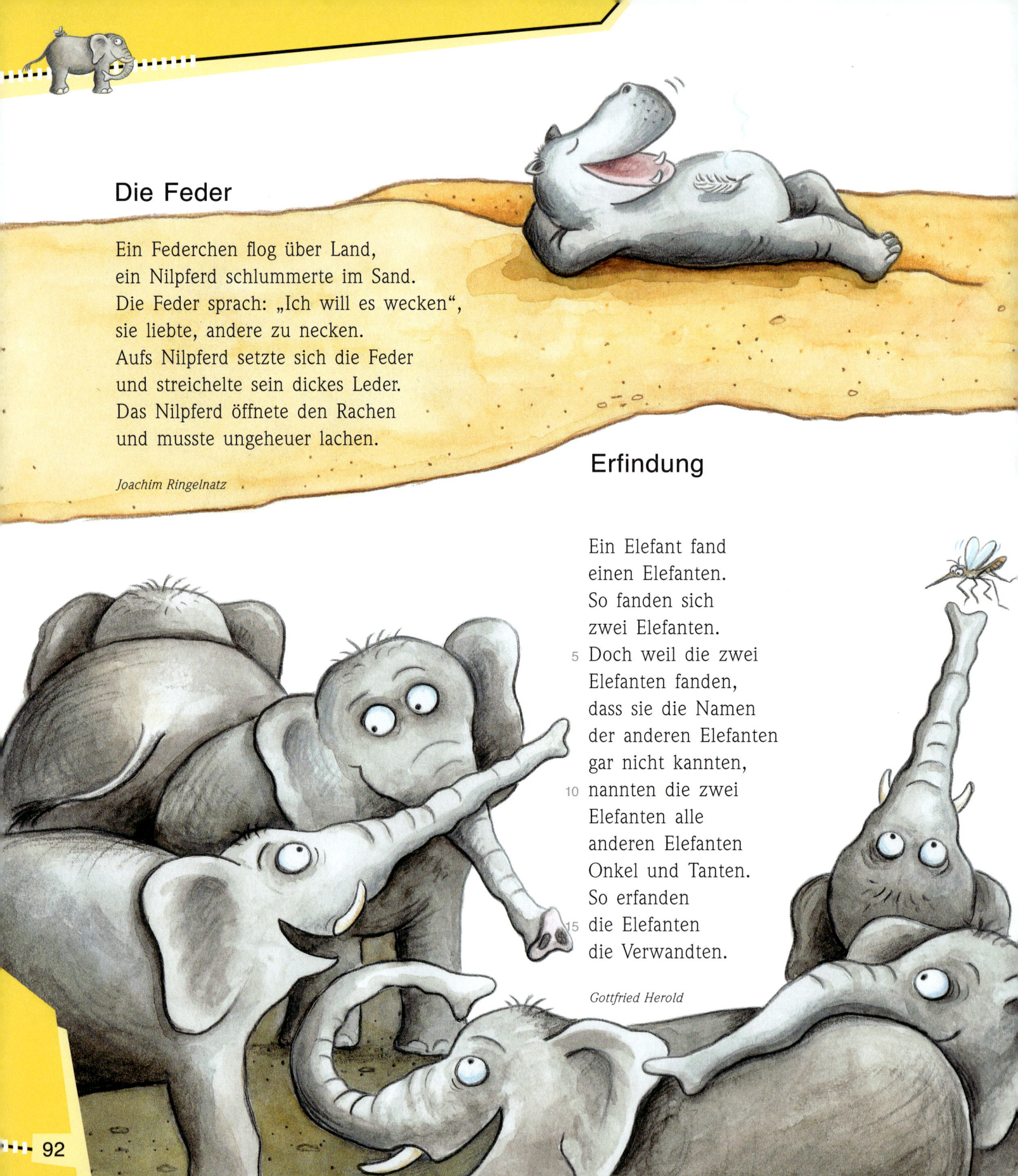

Die Feder

Ein Federchen flog über Land,
ein Nilpferd schlummerte im Sand.
Die Feder sprach: „Ich will es wecken",
sie liebte, andere zu necken.
Aufs Nilpferd setzte sich die Feder
und streichelte sein dickes Leder.
Das Nilpferd öffnete den Rachen
und musste ungeheuer lachen.

Joachim Ringelnatz

Erfindung

Ein Elefant fand
einen Elefanten.
So fanden sich
zwei Elefanten.
5 Doch weil die zwei
Elefanten fanden,
dass sie die Namen
der anderen Elefanten
gar nicht kannten,
10 nannten die zwei
Elefanten alle
anderen Elefanten
Onkel und Tanten.
So erfanden
15 die Elefanten
die Verwandten.

Gottfried Herold

Der Mückenschwarm

Hier tanzen wir im Abendlicht.
Zähl uns mal: Du schaffst es nicht.
Auf und nieder, hin und her,
durcheinander kreuz und quer
5 in der Wimmelwolke fliegen
macht uns Mücken viel Vergnügen.
Wer ist wer? Das ist egal
in der großen Mückenzahl.
Sind wir einzeln auch ganz klein,
10 schön ist's, nicht allein zu sein.

Christa Wißkirchen

Floh und Elefant

Ein Floh hüpft durch das Nadelöhr
und tut, als ob das gar nichts wär.
Ein Elefant schaut zu.
Da sagt der Floh: „Na, du,
5 mit deinem dicken Bauch –
kannst du das auch?"
Der Elefant brummt: „Warte mal."
Stampft zum nächsten Lampenpfahl,
reckt den Rüssel, macht sich schwer,
10 biegt ein Riesennadelöhr,
bläst alle Luft aus seinem Bauch,
wird lappig wie ein Lederschlauch
und fädelt sich so gerade noch
durch dieses Riesennadelloch,
15 kommt drüben an, heil und gesund,
holt wieder Luft, wird wieder rund
und sagt zum Floh: „Na, du –
wat sagste nu!?"

Boy Lornsen

Ist der Elefant dickhäutig?

Der Elefant hat eine dicke Haut, das kann man sehen,
aber er hat überhaupt kein dickes Fell.
Elefanten sind nicht nur Mimöschen[1] und bei jeder Spritze,
die der Tierarzt verpassen muss, ernsthaft gekränkt,
5 sondern auch sehr nachtragend. So ein beleidigter Elefant
war in einem Kino-Werbespot für Schokolade zu sehen:
Ein kleiner Junge hält dem jungen Elefanten im Zoo
verführerisch ein Stückchen Schokolade vor den Rüssel
und futtert es dann selbst.
10 Jahre später – Junge und Elefant sind erwachsen geworden –
begegnen sich die beiden bei einer Zirkusparade wieder.
Und der Elefant verpasst dem jungen Mann, der ihn damals
mit der Schokolade geärgert hatte, gehörig eine mit dem Rüssel.
Sein Elefantengedächtnis vergisst nämlich so schnell nichts.

15 Schon in den Fünfzigerjahren haben deutsche Zoologen
das Gedächtnis der Elefanten auf die Probe gestellt. Ein Jahr lang
haben sie mit einem Versuchstier eine Art „Memory" gespielt.
Der Elefant musste aus 26 Einzelbildern 13 Figurenpaare zusammenstellen.
Und siehe da: Nach einem Jahr konnte er es fast perfekt mitspielen.
20 Aber das war noch nicht alles. Als derselbe Forscher über 30 Jahre später
den Elefanten wieder besuchte, wurde er stürmisch begrüßt und sofort
wiedererkannt. Wahrscheinlich wollte der Elefant „Memory" spielen …
Mit einem Elefanten kann man also leicht Freundschaft schließen.
Wer lieb zu ihm ist, den behält er im Gedächtnis.
25 Aber auch den Tierarzt mit der Spritze erkennt er schon
auf 100 Meter Entfernung. Wie gesagt, der Elefant leidet
entsetzlich beim kleinsten Pieks. Er ist aber
nicht nur äußerst sensibel, sondern er hat auch
eine sehr empfindliche Haut. Im Tierpark wird die Haut
30 der Elefanten besonders sorgfältig gepflegt. Er wird zum Beispiel
mit einem Hochdruckreiniger gewaschen. Das liebt er über alles,
und seine dicke Haut wird dabei glatt wie ein Kinderpopo!

[1]*mimosenhaft: sehr empfindlich, verletzlich*

Wenn wir also von „Pfirsichhaut" sprechen, könnten wir genauso gut
„Elefantenhaut" sagen. Das wäre keine Beleidigung, sondern ein Kompliment.

35 Im Übrigen tut man dem Elefanten Unrecht, wenn man ihn
als Trampeltier bezeichnet. Wenn er will, weiß er sich sehr wohl
zu benehmen – selbst im Porzellanladen.
Da der Elefant auf großem Fuß lebt, sind seine Fußflächen
nur halb so belastet wie die einer Ballerina.

40 Die vier Tonnen Gewicht eines Elefanten verteilen sich
schließlich auf etwa 1700 Quadratzentimeter Fußfläche.
Das heißt, er kann auf so leisen Sohlen antanzen,
dass ihn gar keiner bemerkt.
Wenn er aber nicht elegant und freundlich sein will,

45 kann er selbstverständlich einen oder mehrere
Porzellanläden vollständig zerlegen.

Günter Mattei, Walli Müller, Henning Wiesner

Wer erzieht den kleinen Elefanten?

Wer erzieht den kleinen Elefanten?
Nicht der Vater, sondern nur die Tanten.
Überall begleiten sie den Kleinen
auf den Elefantentantenbeinen.
Wenn Gefahr naht, stellen sie sich weise
5 – Kopf nach innen – um ihn her im Kreise,
sodass Feinde im Vorübergehen
nur die Elefantenhintern sehen.

Dadurch kommt es, dass ein Elefantenkind,
wenn es groß ist und schon laut trompetet,
10 schutzbedürftig bleibt und leicht errötet
und empfindlich ist, wie alte Tanten sind.

James Krüss

Der Elefant hat schlechte Laune

Dem Elefanten ging es gar nicht gut.
Er fand sich viel zu groß, er fand sich viel zu stark, er fand sich viel zu dick.
Er hatte das Gefühl, immer im Wege zu sein, nirgendwo durchzupassen,
alles kaputt zu trampeln – und dies vielleicht noch nicht einmal zu bemerken.
5 Er kam sich so maßlos vor, so übertrieben, so unbescheiden.
Ihm missfiel sein unbändiger Hunger, und beschämt erwachte er
nachts von seinem eigenen Geschnarche, das durch seinen Rüssel dröhnte
wie ein Erdbeben.
„Diese Stoßzähne! Entsetzlich!", dachte er, wenn er sein Spiegelbild
10 im Fluss betrachtete. „Diese vereinzelten Haare, diese unglaublichen
Ohren und dieser Rüssel! Ich sehe aus wie ein Außerirdischer."
Da kam das Kaninchen vorbei.
Es kannte die Launen des Elefanten nur zu gut
und sah sofort, wie es um ihn bestellt war. Es setzte sich
15 neben ihm auf einen Baumstumpf und lächelte ihm aufmunternd zu.
„Hör mal …", begann es, doch der Elefant unterbrach es sofort.
„Ich weiß genau, was du mir sagen willst, Schlaumeier.
Ist doch toll, dass ich so groß und stark bin, alle anderen Tiere
beneiden mich darum.
20 Große Ohren und so ein Rüssel sind doch so was von praktisch
und so weiter und so fort, bla, bla, bla, bla, bla …
Gib dir keine Mühe, ich kenn die Leier!"
Das Kaninchen fühlte sich ertappt,
denn genau dies hatte es dem Elefanten sagen wollen.
25 „Dann unterhalt dich doch mit dir selber, du dicke, dusselige Riesenkartoffel!",
schnaubte es und verschwand schnell im nächsten Loch.
„Dicke, dusselige Riesenkartoffel?", wiederholte der Elefant.
„Unverschämt! Was glaubt der, wer er ist, mit seinen Schlabberohren,
seiner Zahnlücke und seinem albernen Puschelschwanz?
30 Das muss ich mir nicht bieten lassen!"
Er steckte seinen Rüssel in das Kaninchenloch und trompetete
so kräftig hinein, dass er das Kaninchen zum Hintereingang hinausblies.
„Ha!", triumphierte der Elefant. Dann stampfte er davon
und hatte wieder blendende Laune.

Jens Rassmus

Lebensraum Erde: **Spinnen**

Dein Spiegel 01/2009

Fröhliche Spinne

Es gibt Spinnen, die ein lachendes Gesicht auf dem Rücken tragen. Sie leben im Regenwald auf Hawaii. Forscher haben herausgefunden, dass dieses Muster hilft zu überleben. Was Vögel nicht kennen, das fressen sie nicht gleich auf. Da es nicht viele dieser Spinnen gibt, begegnen auch Vögel ihnen sehr selten. Während der Vogel als Fressfeind noch zögert, ob er das unbekannte Tier fressen soll oder nicht, kann sich die Spinne schnell verstecken.

Giftigste Spinne

Die giftigsten Spinnen der Welt sind die Wanderspinnen aus Brasilien. Nur 0,006 Milligramm des Nervengiftes reicht aus, um eine Maus zu töten. Diese Spinnenarten sind meist dunkel gefärbt und ihre Spanne von Körper und Beinen beträgt fast 17 Zentimeter. Diese großen und sehr aggressiven Tiere dringen in menschliche Behausungen ein und krabbeln in Kleidungsstücke oder Schuhe. Wenn man sie

stört, beißen sie mehrmals wild zu. Jährlich werden hunderte Zwischenfälle dieser Art gemeldet. Zum Glück gibt es ein Gegengift.

Hungernde Spinne

Insekten und Spinnen sind sogar noch besser im Hungern als Reptilien. Das hat der britische Forscher John Blackwell vor 170 Jahren herausgefunden. Er hatte eine Spinne am 15. Oktober 1829 in einer Glasflasche eingefangen, und die lebte noch am 30. April 1831, ohne Futter oder Wasser. 18 Monate später!

22.10.2009,
Sylter Rundschau,
Nachrichten für Kinder

Riesige Spinne

*Johannesburg/
San Francisco*

Wer sich vor Spinnen fürchtet, der kriegt bei diesem Tier sicher eine Gänsehaut: Die bislang größte Radnetz-Spinne der Welt haben Forscher jetzt vorgestellt. Radnetz-Spinnen nennt man die Tiere, die Spinnennetze wie ein Rad spinnen. Die Beine dieser bislang größten Radnetz-Spinne können etwa zwölf Zentimeter lang werden. Ihr Körper misst etwa vier Zentimeter. Die Tiere spinnen Netze, die zwei Meter groß und breit sein können. Forscher entdeckten diese Spinnen unter anderem auf Madagaskar, südöstlich von Afrika.

Der Löwe und die Mücke

Der Löwe hatte gerade gefressen und wollte im Schatten
unter einem Baum schlafen, als sich eine lästige Mücke
auf seine Nase setzte.
Der Löwe scheuchte sie mit der Pfote fort.
5 Die Mücke flog weg und kam sofort zurück.
Da schüttelte der Löwe seine Mähne.
Worauf die Mücke kurz in die Luft flog und sich wiederum
auf seine Nasenspitze setzte.
„Lass mich schlafen. Ich habe gerade gefressen und brauche Ruhe!",
10 brüllte der Löwe.
Die Mücke antwortete: „Ich will mit dir kämpfen."
„Wie bitte?"
„Kämpfen will ich mit dir!"
„Was? Du bist wohl nicht bei Trost."
15 „Kämpfst du jetzt?"
„Mit dir?"
„Mit wem denn sonst? Komm, steh auf und kämpfe."
Der Löwe sagte: „Das ist ja lächerlich!"
„Kneife nicht!"
20 „Aber überleg doch mal … Ich bin ein Löwe und du eine Mücke …
Wie sollen wir denn kämpfen?"
„So!", antwortete die Mücke und stach den Löwen ganz fest in die Nase.
Da schlug der Löwe mit einer Pranke zu. Aber er konnte die Mücke
nicht erwischen. Und so begann der Kampf. Die Mücke stach
25 und der Löwe schlug um sich. So ging es immer weiter.
Die Mücke biss. Der Löwe schlug um sich.
Vergeblich. Nach zwei Stunden hatte der Löwe die Nase voll,
er wehrte sich nicht mehr. Verschwitzt und völlig ermattet
lag er unter dem Baum.
30 Er war mit Mückenstichen übersät.

„Ich habe gesiegt! Gesiegt habe ich! Ich habe den Löwen besiegt!",
frohlockte die Mücke.

„Tiere der ganzen Welt, kommt her und bewundert mich!

Den Löwen habe ich besiegt, den König aller Tiere.

35 Jetzt bin ich die Kaiserin!

Kommt alle und verneigt euch vor der neuen Kaiserin!"

Sie schwirrte über den müden Löwen, von oben nach unten,

und noch höher und noch tiefer.

Ganz hoch nach oben und … Hoppla!

40 Sie konnte nicht mehr runter.

Die Mücke hatte sich in einem Spinnennetz verfangen.

Die Spinne kam gleich angelaufen.

„Was haben wir denn da? Eine Mücke zum Mittagessen! Lecker!"

Die Mücke piepste: „Lass mich sofort frei!

45 Ich bin die Mücke, die den Löwen, den König aller Tiere, besiegt hat!

Er liegt unter dem Baum. Wage es nicht, mich anzurühren.

Ich bin die neue Kaiserin!"

„Oh Majestät!", sagte die Spinne, „das weiß ich!

Seien Sie beruhigt, ich werde mich dreimal verbeugen, bevor ich Sie fresse."

50 Sie verbeugte sich dreimal und fraß die Mücke auf.

Aesop

99

Wir sind die Stechmücken – nicht kratzen!

Die meisten Leute mögen uns Stechmücken nicht.
Ich glaube, weil sie nicht schlafen können, wenn wir um ihre Ohren
herumsurren und vor allem weil wir echte Blutsauger sind.
(Wir fressen nämlich nur Blut.)

Den ganzen Tag macht der hier Tamtam mit seinem Federhut!

Ach ja …

… meiner ist genauso.

Pst! Ich bin der Schönste im ganzen Land!

Von wegen, Frauen sind eitel!

5 Bei uns stechen nur die Weibchen.
Übrigens, falls ihr es noch nicht wisst,
Herr und Frau Stechmücke sehen
sich nicht sehr ähnlich.
Herr Stechmücke hat ganz lange Fühler
10 mit kleinen Federn dran. Er hat auch
einen Saugrüssel, aber mit dem kann er
überhaupt nicht stechen. Wenn wir
stechen, tut das anfangs gar nicht weh,
aber wir lassen unseren Mückenspeichel
15 in der Wunde – und der juckt!

Ich übertrage Malaria.

Ich übertrage Gelbfieber.

Ich übertrage die Schlafkrankheit.

Ich mache kleine, juckende Bläschen.

Und du?

Malariamücke

Gelbfiebermücke

Tse-Tse-Fliege

Gemeine Stechmücke

Ich?

Tja, ich erschrecke Kinder.

Kohlschnake

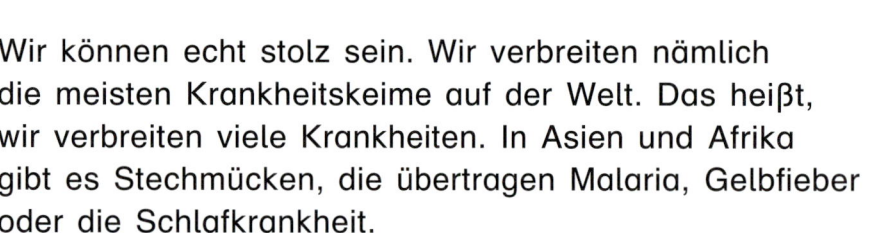

Wir können echt stolz sein. Wir verbreiten nämlich
die meisten Krankheitskeime auf der Welt. Das heißt,
wir verbreiten viele Krankheiten. In Asien und Afrika
gibt es Stechmücken, die übertragen Malaria, Gelbfieber
20 oder die Schlafkrankheit.
Hier in Europa, wo es nicht so warm ist, könnt ihr froh sein,
dass wir gemeinen Stechmücken euch nur kleine Pickelchen schenken,
die ein bisschen jucken. Ihr seid echte Glückspilze. Die lange schlaksige
Kohlschnake, diese Bohnenstange, kommt nur raus, wenn ihr das Licht anmacht.
25 Dann nervt sie mit ihrem Geflatter, ist sonst aber total harmlos.

Gilles Bonotaux

Die Kakerlake

Huuu, die Kakerlake jagt einem einen Schauer über den Rücken.
Wenn sie auf ihren stachligen Beinen in deine Träume krabbelt,
wirst du schweißgebadet wach. Huuu.
Man sagt öfter: Wenn die Welt untergeht, dann bleibt
5 die Kakerlake als Einzige übrig. Denn die Kakerlake
ist das stärkste Tier auf der Welt. Stark? Nun ja, ein Schlag
mit dem Hammer, und das Gräueltier ist platt.
Aber ein Schlag reicht nicht. Die Kraft der Kakerlake
liegt nicht in den Beinen, nicht im Panzer, nicht in ihrem
10 blitzschnellen Leib, sondern die liegt woanders. In ihrer Anzahl.
Wo eine ist, sind hundert oder tausend. Da gehen einem Hände
und Hämmer aus. Die Kakerlake gewinnt den Kampf immer.
Sie kommt einen Monat ohne Essen aus. Sie kann vierzig Minuten
lang ihren Atem anhalten. Und als wäre das nicht genug,
15 kann sie zwei Wochen lang ohne Kopf weiterleben.
Au!
Nur auf dem Nordpol und dem Südpol kommen Kakerlaken nicht vor.
Und hohe Berggipfel mögen sie auch nicht. Alles andere
finden sie prima. Am liebsten sitzen sie in den Ritzen warmer Häuser.
20 Tagsüber schlafen sie und nachts gehen sie auf die Jagd
nach Essensresten. Nicht einzeln, sondern gemeinsam,
mit allen zusammen. Willst du mal eine sehen?
Dann mach den Abwasch eine Zeit lang nicht.
Willst du niemals eine sehen, dann buch 'ne Reise
25 nach Island ohne Rückfahrschein.

Bibi Dumon Tak

*Küchenschabe,
20–25 mm groß
und dunkel*

*Deutsche Schabe,
heller,
Deckflügel sind länger
als ihr Körper.
Alles in allem gibt es
über 2500 Arten
auf der Welt.*

*Woher kommt das Wort
Kakerlake eigentlich?
In Frankreich heißt
die Kakerlake „cafard".
Das kommt aus dem
Arabischen und bedeutet
Verräter, Nestbeschmutzer.*

Gilles Bonotaux

Schlitzohren und Sonderlinge

Dunkel war's, der Mond schien helle,
schneebedeckt die grüne Flur,
als ein Wagen blitzeschnelle
langsam um die Ecke fuhr.

5 Drinnen saßen stehend Leute,
schweigend im Gespräch vertieft,
als ein totgeschossner Hase
auf dem Sande Schlittschuh lief.

Als der Wagen fuhr im Trabe
10 rückwärts einen Berg hinauf.
Droben zog ein alter Rabe
grade eine Turmuhr auf.

Auf 'ner grünen Rasenbanke,
die rot angestrichen war,
15 saß ein blondgelockter Jüngling
mit kohlrabenschwarzem Haar.

Ringsumher herrscht tiefes Schweigen,
und mit fürchterlichem Krach
spielen in des Grases Zweigen
20 zwei Kamele lautlos Schach.

Und zwei Fische liefen munter
durch das blaue Kornfeld hin.
Endlich ging die Sonne unter,
und der graue Tag erschien.

Welch ein Frelch!

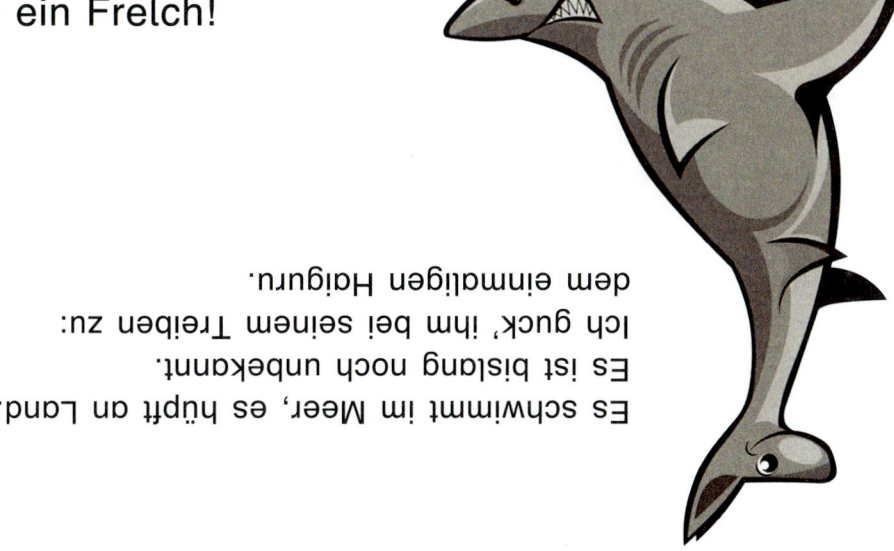

Es schwimmt im Meer, es hüpft an Land.
Es ist bislang noch unbekannt.
Ich guck' ihm bei seinem Treiben zu:
dem einmaligen Haiguru.

Die Ente schaut mich lustig an.
Der Gorilla sitzt gleich nebenan.
Zusammen sind sie – Komplimente –
eine schöne Gorillente.

Quakt er nicht, dann röhrt er.
Und das sehr laut. Mich stört er.
Ob frecher Frosch, ob edler Elch:
Mein Ohr tut weh. Ach welch ein Frelch!

Ido Vaginsky

TIER*report*

Einfach oberniedlich! Das außergewöhnliche Kuschel-Trio rührt seit ein paar Wochen unsere Herzen. Kaum waren die jetzt zehn Wochen alten Leoparden-Babys im Institut für gefährdete Tiere in Myrtle Beach (South Carolina) geboren, wurden sie schon wieder von ihrer Mutter getrennt. Seitdem kümmert sich Tierpflegerin Rajani Ferrante rund um die Uhr um die Kätzchen, gibt ihnen Nahrung und Nestwärme.

Hilfe. Mit einem Cocktail aus Milch, Joghurt und Vitaminen päppelt die Pflegerin Solka und Chant, wie die Leominis getauft wurden, stündlich auf. Zum Schmusen tappen die Wildkatzenkinder dann schnurstracks zu ihrer großen Freundin, dem einjährigen Orang-Utan-Mädchen Rishi. Dort erhalten die Kätzchen viele Streicheleinheiten – und Rajani kann Pause machen.

Aber wehe, wenn die mal groß werden!

Hier ist das getupfte Wildkätzchen gerade mal fünf Wochen alt.

Orang-Utan-Mädchen Rishi (1) hält Solka und Chant fest an die zottelige, weiche Fellbrust gedrückt.

Affenmädchen Rishi sorgt wie eine Mutter für zwei Leo-Babys

Babysitter. Rishi genießt es, mit den Kätzchen zu spielen. Vor allem liebt sie es, ihnen etwas beizubringen. Das klappt auch prima. Leoparden sind nämlich nicht nur die besten Kletterer unter den Wildkatzen, sondern auch sehr intelligent.

Verschmust. Lernen ist zwar auch ganz lustig, aber vor allem wollen die Zwillinge spielen und kuscheln. Und genau das macht Rishi mit wahrer Affenliebe. Sie hält die Kleinen fest an die zottelige Brust gedrückt und tobt auch mal mit ihnen. Erst wenn die getupften Wild-kätzchen groß geworden sind, müssen die drei wohl getrennt werden. Denn der natürliche Jagdtrieb der Leoparden würde dem Orang-Utan schlecht bekommen.

Pflegerin Rajani Ferrante (35) gibt den Leo-Babys Nestwärme.

Müde Kätzchen auf der Kuscheldecke träumen von wilden Spielen.

Das dicke Kleid

Da es in Lappland sehr kalt ist, trägt man dort dicke Kleider.
Ein Lappländer ließ sich einmal das dickste Kleid der Welt herstellen.
Dieses Kleid sah aus wie ein Mantel, es war aber fast so weit
wie ein Haus, und die Taschen waren so groß wie Zimmer.
5 Man konnte Esswaren darin verstauen, die für viele Wochen
ausreichten. Vor dem Bauch war ein Ofen angebracht,
den man von innen her heizte.

Einmal sah der Mann, der den Mantel trug,
eine schöne junge Lappländerin.
10 Er liebte die Frau auf der Stelle und
nahm sie in seinen Mantel hinein.
Die Lappländerin, die ihn ebenfalls liebte,
schenkte dem Mann zwei Mädchen.
Nun lebte eine ganze Familie im Kleid
15 des Lappländers.
Sogar Hunde und Katzen fanden sich
im Saum des Kleides ein und
liefen darin herum.
Das war ein Haushalt,
20 der es auch im härtesten Winter
warm genug hatte.

Jürg Schubiger

Vom närrischen Till

Der alte Klaas Eulenspiegel, der Vater des Narren Till, lag unzufrieden
auf der Ofenbank in seiner Hütte und rief nach seinem Sohn.
„Till, nimm den irdenen Krug und hole mir neues Bier aus der
Brauwirtschaft."
5 „Nun ja, Vater!", antwortete der kleine Faulpelz ausnahmsweise einmal
bereitwillig.
„Wo hast du das Geld? Ich brauche mindestens einen Dickpfennig,
sonst schenkt mir der Wirt im Gasthaus zum Bären nichts in den Bierkrug ein."
„Dummkopf!", schimpfte der Vater. „Mit einer Münze in der Hand kann
10 jedermann Bier holen. Ohne einen Pfennig in der Tasche dieses Getränk
zu ergattern, das ist ein Kunststück."
Nun ist uns überliefert, dass Till Eulenspiegel nicht nur als längst
erwachsener Mann, sondern bereits in seiner frühesten Jugend,
gewissermaßen also schon seit Kindesbeinen an, ein echter Narr war;
15 und das bewies er auch an diesem etwas kühlen Nachmittag im
Frühherbst.
Nachdenklich lief der fintenreiche Narr mit dem Krug fort. Es dauerte wohl
an die vierzig Minuten, bis er wieder in die Stube kam und den Maßkrug
auf den alten Eichentisch stellte. Der durstige Papa verließ sofort
20 seinen gemütlichen Platz am Ofen und schlurfte zum Tisch.
„Was soll das heißen?", fragte er erbost, nachdem er
den Krug zur Hand genommen hatte, um zum Trinken
anzusetzen. „Der ist ja völlig leer!"
„Was regst du dich auf, mein lieber Vater?", erwiderte
25 das brave Söhnchen und grinste arg verschmitzt.
„Aus einem randvollen Bierkrug zu trinken, das kann doch jeder
dumme Zecher. Hingegen aus einem völlig leeren Krug genussvoll
süffiges Bier zu schlürfen, das, mein verehrter Vati, ist ehrlich
ein wahres Kunststück."

Bruno Horst Bull

Die Welt ist voller Löcher

Franz von Loch
ist ein bedeutender Löchersammler. Unser Reporter Eugen Hohl hatte die einmalige Chance, Herrn von Loch zu interviewen.

E. Hohl: **Herr von Loch, woher kommt Ihre Leidenschaft für Löcher?**

F. v. Loch: In unserer Familie vererbt sich das Lochhafte schon seit dem Mittelalter. Der eine hat hier ein Loch, der andere dort …, wir werden so geboren. Vermutlich stammt daher mein Interesse für Löcher, das ich seit zartester Kindheit hege. Ich begann damit, einfache Löcher zu sammeln: Sockenlöcher, Flötenlöcher, Siebe, Kescher … Nach und nach wuchs meine Sammlung an. Ich ging auf der ganzen Welt auf Löchersuche, fand gähnende Abgründe, riesige Baulöcher, verlassene Diamantenminen … Nach all den Jahren bin ich zu dem Schluss gekommen, dass das Loch Mittelpunkt aller Dinge ist.

E. Hohl: **Können Sie unseren Lesern erklären, was Sie ein Loch nennen?**

F. v. Loch: Es gibt Tausende Lochtypen, allerlei Formen, Größen und Beschaffenheiten – vom Nadelöhr bis zum Höhlenschlund, von der Zahnlücke bis zum Luftloch … Ein Loch kann zunächst einmal eine Vertiefung sein: Klüfte, Krater, Tierbaue … Die Erde ist nur so gespickt von Löchern – ein wahrer Schweizer Käse! Andere Löcher haben zwei Seiten: Denken Sie an die Löcher in der Käsereibe, an Schlüssellöcher oder an die leckeren Donuts. Und schließlich kann ein Loch auch etwas sein, das fehlt, eine Leere.

E. Hohl: **Gibt es noch Stücke, die Sie gerne erwerben würden?**

F. v. Loch: Haufenweise! Meine Sammlung ist noch sehr löchrig.

Claire Didier

HÖHLE
GROTT
GRUBE
ÖHR
TIERBAU
SCHLU
ABGRUND
KLUFT
GRABEN
KRATER
HOHLRAUM
LECK
TRICHT
SPALTE
LÜCKE
SCHLU

Der Granitblock im Kino

Ein Granitblock aus einem öffentlichen Park hatte lange gespart und wollte
mit seinem Geld ins Kino, und zwar hatte er von einem lustigen Film gehört:
„Zwei Tanten auf Abenteuer". Er ging also an die Kasse und verlangte
fünf Plätze. Zuerst wollte die Kassiererin sie ihm nicht geben, doch da sagte
5 der Granitblock bloß:

„Oho", und schon hatte er die Tickets.

Er hatte erste Reihe gelöst, weil er seine Brille vergessen hatte. Als sich
der Granitblock auf seine fünf Plätze setzte, krachten gleich alle Armlehnen
zusammen und dann fing das Vorprogramm an. Der Granitblock schaute
10 interessiert zu und bestellte in der Pause zehn Eiscremes, die er sofort
hinunterschluckte.

Jetzt fing der Hauptfilm an und der Granitblock amüsierte sich sehr. Da er
an Humor nicht gewöhnt war, musste er schon über jede Kleinigkeit lachen,
zum Beispiel wenn eine Tante zur andern sagte: „Na, altes Haus?"
15 Er schlug sich auf die Schenkel und lachte, dass das ganze Kino zitterte und
die Leute durch die Notausgänge flüchteten.

Als dann eine Tante der andern mit dem Schirm eins über den Kopf haute,
war der Granitblock nicht mehr zu halten. Er hüpfte jaulend auf und ließ sich
auf seine Sessel plumpsen, die sogleich zusammenbrachen, und damit
20 nicht genug, stürzte er durch den Boden des Kinos in einen Keller und konnte
den Rest des Films nicht mehr ansehen.

Das Kino wurde vorübergehend geschlossen, der Granitblock musste
mit einem Lastwagen in seinen Park zurückgebracht werden und heute
langweilen sich schon alle Spatzen, wenn er wieder mit seiner Geschichte
25 von den Tanten kommt und kichernd erzählt, wie eine zur andern gesagt hat:
„Na, altes Haus?"

Franz Hohler

Das Kamel tanzt

Eine Kameldame wünschte sich sehnlichst, Ballerina zu werden.
„Jede Bewegung in Anmut und Schönheit umzusetzen, das ist
mein einziges Verlangen", sagte sie.
Immer wieder übte sie ihre Pirouetten, den Spitztanz und andere Figuren.
5 Sie wiederholte die fünf Grundstellungen Tag für Tag unzählige Male.
Viele Monate lang übte sie sie unter der glühenden Wüstensonne. Ihre Füße
waren geschwollen, und ihr ganzer Körper tat weh von der Anstrengung,
aber es kam ihr nicht in den Sinn aufzuhören.
Endlich war die Kameldame davon überzeugt, eine gute Tänzerin
10 geworden zu sein. Sie kündigte eine Vorstellung an und tanzte für geladene
Gäste und Kritiker aus Kamelkreisen. Als sie ihren Tanz beendet hatte,
verbeugte sie sich tief.
Es gab keinen Beifall.
Ein Zuschauer erklärte: „Als Kritiker und Sprecher
15 unserer Gruppe muss ich dir ehrlich sagen,
dass du plump und ungeschickt wirkst. Du hüpfst
wie ein Sack. Du bist – genau wie wir alle – eben
nur ein Kamel. Weder bist du eine Ballerina
noch wirst du je eine werden."
20 Kichernd und lachend verzog sich das Publikum.
„Sie irren sich alle miteinander", sagte die Kameldame.
„Ich habe hart gearbeitet. Ganz ohne Zweifel bin ich
eine ausgezeichnete Tänzerin. Künftig werde ich
nur für mich allein tanzen."
25 Und das tat sie dann auch und hatte
viele Jahre ihr Vergnügen daran.

Glücklich, wer sich selbst genug ist.

Arnold Lobel

ROTKÄPPCHEN

Rotraut Susanne Berner

Immerzu und nimmermehr

Haltbarkeitszeit

Zeit-Wörter

Ich bin,
du bist,
wir sind –
so lernt es jedes Kind.

5 Ich war,
du warst,
wir waren –
auch das ist bald erfahren.

Und was dazwischen
10 so geschwind
von Tag zu Nacht
vorüberrinnt –
das ist,
das wird gewesen sein:
15 dein Wirbelwind
von Jahren,
der eben erst
beginnt.

Max Kruse

Das bin ich.

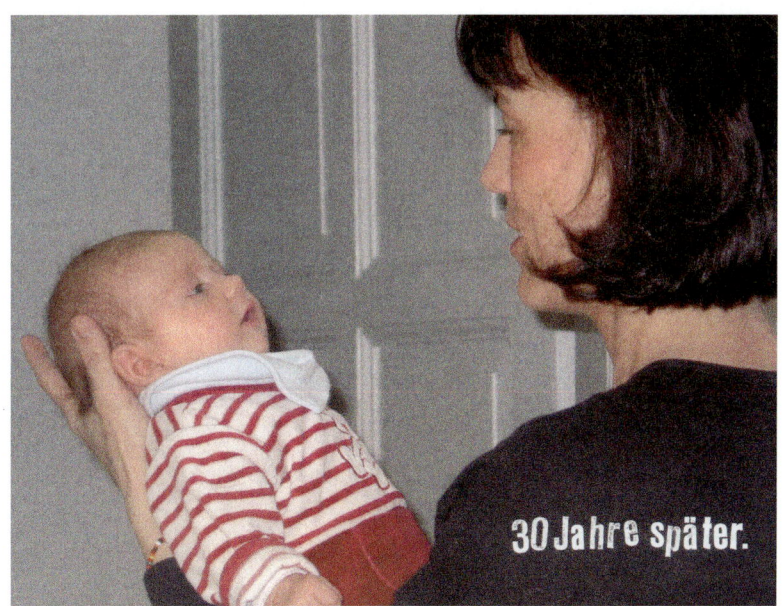

30 Jahre später.

Wickie und das Drachenschiff

Reich beladen machen sich die Wikinger aus Flake
auf den Heimweg. Dank Wickie, dem Sohn
des Häuptlings Halvar, haben sie viele kostbare Waren
eingehandelt. Leider treffen sie auf dem Heimweg
5 *auf drei Schiffe des Schrecklichen Sven. Das ist*
ein Wikinger, der alles und jeden ausraubt. Also muss
Wickie sich etwas einfallen lassen – und zwar schnell.

Inzwischen waren Sven und seine Männer auf zwanzig Bootslängen
herangekommen. Sie holten mit jeder Minute weiter auf. Und vor
10 allen Dingen holten sie auf, weil die Flakewikinger so aus dem Häuschen
waren, dass sie nicht mehr ordentlich rudern konnten.
„Da seht ihr, dass es gar nichts bringt, sich aufzuregen", sagte Wickie und
setzte sich hin, um nachzudenken. Sicherheitshalber stützte er den Kopf
in beiden Händen ab, damit er auch ja die richtige Haltung
15 zum Nachdenken hatte.
„Ich hab's!", sagte er nach einer Weile. „Genau so müssen wir es machen."
„Was müssen wir wie machen?", fragte Halvar. Und dann behauptete er
wieder, dass Wickies Kopf Funken sprühte.
„So müssen wir es machen", sagte Wickie. „Und das so schnell wie
20 möglich."
„Schnell, da gebe ich dir in jedem Fall Recht", sagte Halvar. „Wir haben
nur noch fünfzehn Bootslängen Vorsprung."
„Wie gut, dass Snorre Zahnschmerzen hatte, das hat mich auf die Idee
gebracht."
25 „Jetzt spinnt der Junge komplett", sagte Tjure. „Was haben Snorres
Zahnschmerzen denn mit dieser Sache zu tun? Dieser elende, verrottete
Zahn! Wickie hat vor Angst den Verstand verloren. Du kannst einem
leid tun, Halvar."
„Halt den Mund, Tjure", fuhr Halvar ihn an. „Oder bemitleide
30 dich wegen deiner eigenen Söhne! Um meinen Sohn
sprüht es Funken. Der brütet was aus!"
„Nimm deinen besten Pfeil, Papa", sagte Wickie.
„Und deinen besten Bogen, und mach dich bereit!"

Halvar tat, was Wickie verlangte, und das in rasantem Tempo. Jetzt waren
35 es zwischen dem vorderen Schiff von Sven und seinem nämlich nur noch
zwölf Bootslängen. Wickie nahm zwei Stöcke, wie man sie zum
Feuermachen benutzt. Und bei der Angst, die er hatte, brauchte er sie
nur aneinanderzuhalten, den Rest erledigte das Zittern. Im nächsten
Augenblick loderte die Flamme auf.
40 „Glaubt ihr's mir jetzt!", rief Tjure. „Wickie ist durchgedreht. Er will unser
Schiff anzünden. Erst Snorres morscher Zahn und jetzt das."
„Halt den Mund, Tjure", raunzte Halvar ihn an. „Das ist meine letzte Warnung!"
Wickie nahm Halvars Pfeil und hielt die Spitze ins Feuer, bis sie richtig brannte.
„Und jetzt schieß!", forderte Wickie seinen Vater auf. „Ziel auf Svens Segel.
45 Schieß nicht zu fest und nicht zu locker, genau so, dass der Pfeil stecken
bleibt. Am besten zielst du auf die Mitte des Segels, da ist die Wirkung
am besten. Und jetzt beeil dich, und zeig, was du kannst. Das hier wird
dir mehr Respekt einbringen als der Speerwurf rüber nach Öland."

Jetzt trennten sie nur noch zehn Bootslängen. Und endlich begriffen die
50 Wikinger Wickies Plan. Selbst Tjure ging ein Licht auf. Die Männer jubelten
und schrien Hurra, so laut sie konnten. So ein Teufelsbraten wie dieser
Bursche war ihnen noch nicht untergekommen. Halvar zielte und schoss.
Der Pfeil blieb im Segel stecken, das trocken wie Zunder war.
In den letzten Wochen hatte die Sonne geschienen und ein kräftiger
55 Wind geblasen. Das Segeltuch ging sekundenschnell in Flammen auf.
Kurz darauf hingen nur noch verkohlte Fetzen vom Mast. Was für ein
wunderbarer Anblick für die Flakewikinger. Sie hurraten siebenmal
hintereinander, wie es in Flake bei besonderen Anlässen Brauch war.
Bei Sven und seinen Männern hingegen brach ein Mordsspektakel los.
60 Die Männer auf dem Schiff hüpften mit beiden Füßen gleichzeitig
auf und ab, auf und ab, ohne Pause. Sie hüpften, bis sie nicht mehr
zu sehen waren. Damit ist ja wohl alles über den Verstand von Svens
Mannen gesagt. Der Schreckliche Sven schlug vor Wut seinen Kopf gegen
den Mast, bis ihm das Blut in die Augen tropfte. Nachdem das Segel
65 abgefackelt war, reichten auch achtundvierzig Paar Ruder nicht mehr aus,
denn der Wind war günstig und füllte das Segel des Flakeschiffes.
Aber die anderen zwei Drachenschiffe kamen unaufhaltsam näher …

Runer Jonsson

Wissenswertes über Wikinger

Wer waren die Wikinger?

Als Wikinger bezeichnet man Völker, die vom
9. bis 11. Jahrhundert im heutigen Dänemark, Schweden und
Norwegen lebten. Im äußersten Norden Europas bestimmen
Heideland, Wälder, Seen und einige Berge die Landschaft.
5 Das Klima ist im Winter rau und der Boden meist wenig fruchtbar.
Stets auf der Suche nach neuen Reichtümern, zogen die Wikinger
weit umher und besiedelten fremde Gebiete. So förderten sie
wirtschaftliche und kulturelle Kontakte. Sie waren Vorreiter
unseres modernen Europas. Meist traten sie als Bauern und
10 Händler auf. Manchmal wurden sie aber auch zu wilden Plünderern.
Die berühmten Hörnerhelme, mit denen sie oft dargestellt werden,
trugen sie allerdings nur bei religiösen Zeremonien.

Wie lebten die Wikinger?

Die Wikinger siedelten auf dem flachen Land.
Je nach Region lebten die Familien einzeln
oder schlossen sich zu kleinen Dorfgemeinschaften
zusammen. Jede Familie bewohnte ein Gehöft,
5 das man „boer" nennt. Es umfasste mehrere Gebäude:
das Wohnhaus, den Schaf- und Kuhstall, die Scheune,
die Schmiede und die Kornkammer.
Die einzelnen Bauten waren durch schmale
Stein- oder Holzwege verbunden.
10 Vor dem Wohnhaus befand sich
ein abgezäuntes Stück Weide.
Oft umgab ein Erd- oder Steinmäuerchen
den gesamten Besitz. An diesem Ort
spielte sich das alltägliche Leben
15 der Wikinger ab.

Die Schifffahrt

Schiffe sind fester Bestandteil der Wikinger-Kultur.
Dank ihrer hochseetüchtigen Schiffe war es den Wikingern
möglich, sich weit über die damals bekannten Horizonte
hinauszuwagen. Aber nicht nur für Reisen in ferne Länder,
5 auch in Skandinavien, wo Seen und Wälder die Güter-
beförderung auf dem Landweg erschwerten, sind Schiffe
das wichtigste Transportmittel. Die Wikinger sind große Seefahrer, doch ihre Schiffsbautechniken und die verwendeten
Materialien waren schon lange vor ihnen im Einsatz.
10 Schiffe sind nötig, um sich fortzubewegen, Handel zu treiben
und zu kämpfen.

Das Wikingerschiff ist eine stolze Erscheinung. Es muss
schnell und wendig sein und sich an die hohe See ebenso
wie an seichte Gewässer anpassen können. Es ist nicht sehr
15 bequem, dafür aber sehr einsatzfähig! Je nach Region ist es
aus Eichen-, Kiefern- oder Eschenholz gebaut. Mit einem
flachen Boden und niedrigen Wänden besitzt es einen
beweglichen Rumpf. Der Mast lässt sich verstellen.
Den vorderen Teil nennt man Bug, den hinteren Heck.
20 Das Segel wird aus Leinen zurechtgeschnitten, abgenäht
und eingefärbt. Es ist rechteckig oder quadratisch und
kann durch reine Ruderkraft ersetzt werden.

Ein reiselustiges Volk

Die Geschichte der Wikinger ist geprägt von ihren Reisen
in die ganze Welt. Doch nicht alle waren ständig unterwegs.
Viele von ihnen waren einfache Bauern oder Handwerker und
verbrachten ihr Leben vor allem in Skandinavien. Dennoch,
5 die Erkundung fremder Länder bestimmte das Schicksal des
Wikinger-Volkes. Als Händler reisten sie für Tauschgeschäfte
bis ans andere Ende der Welt, als Eroberer gründeten sie
Siedlungen in heimatfernen Gebieten. Alle waren erfahrene
Krieger und trugen ihre Waffen stets bei sich.

Alte Spiele,
die heute noch Spaß machen

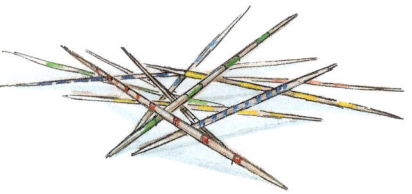

Mikado wurde bereits
von den alten Römern
vor über 2000 Jahren gespielt.

Auch das Mühlespiel
war in verschiedenen Varianten
bei den Römern verbreitet.

Das heute noch bekannte
Spiel „Blinde Kuh" war auch schon
bei den Römern recht beliebt.

„Mensch, ärgere dich nicht"
wurde im Jahr 1908 von Josef
Friedrich Schmidt entwickelt.
Ein Spiel kostete damals nur 35 Pfennig.

Das Gesellschaftsspiel „Monopoly" –
eines der erfolgreichsten Spiele überhaupt –
wird seit 1935 von der Firma Parker hergestellt.

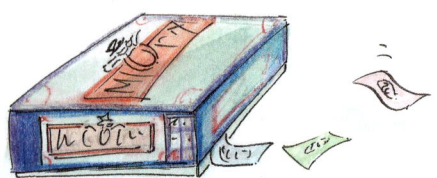

Die Sanduhr

Die Zeit verrinnt
Die Zeit verrinnt
Die Zeit verrinnt
Die Zeit verrinnt
Die Zeit verrinnt
Die Zeit verrinnt
Die Zeit verrinnt
Die Zeit verrinnt
Die Zeit verrin
Die Zeit verr
Die Zeit ve
Die Zeit
Die Zei
Die Z
Die
D
i
e
Z
e
i
t
v
e
r
r
i
t
z
e
r
y

Renate Welsh

In dieser Minute

In der Minute, die jetzt ist
und die du gleich nachher vergisst,
geht ein Kamel auf allen vieren
im gelben Wüstensand spazieren.
5 Und auf dem Nordpol fällt jetzt Schnee,
und tief im Titicacasee
schwimmt eine lustige Forelle.
Und eine hurtige Gazelle
springt in Ägypten durch den Sand.
10 Und weiter weg im Abendland
schluckt jetzt ein Knabe Lebertran.
Und auf dem großen Ozean
fährt wohl ein Dampfer durch den Sturm.
In China kriecht ein Regenwurm
15 zu dieser Zeit zwei Zentimeter.
In Prag hat jemand Ziegenpeter,
und in Amerika ist wer,
der trinkt grad seine Tasse leer,
und in Australien -huhu-
20 springt aus dem Busch ein Känguru,
und hoch im Norden irgendwo,
da hustet jetzt ein Eskimo.
In Frankreich aber wächst ein Baum
ein kleines Stück, man sieht es kaum,
25 und in der großen Mongolei
schleckt eine Katze Hirsebrei.
Und hier bei uns, da bist nun du
und zappelst selber immerzu,
und wenn du das nicht tätest, wär
30 die Welt jetzt stiller als bisher!

Eva Rechlin

Momo bei Meister Hora im Nirgend-Haus

Meister Hora nahm Momo bei der Hand und führte sie
in den großen Saal hinaus. Dort zeigte er ihr diese und jene Uhr,
ließ Spielwerke laufen, führte ihr die Planetarien vor und wurde
angesichts der Freude, die sein kleiner Gast an all den wunderlichen
5 Dingen hatte, allmählich wieder jünger.

„Löst du eigentlich gern Rätsel?", fragte er beiläufig, während sie
weitergingen.

„O ja, sehr gern!", antwortete Momo. „Weißt du eines?"

„Ja", sagte Meister Hora und blickte Momo lächelnd an,
10 „aber es ist sehr schwer. Die Wenigsten können es lösen."

„Das ist gut", meinte Momo, „dann werde ich es
mir merken und später meinen Freunden aufgeben."

„Ich bin gespannt", erwiderte Meister Hora,
„ob du es herauskriegen wirst.
15 Hör gut zu:

Drei Brüder wohnen in einem Haus,
die sehen wahrhaftig verschieden aus,
doch willst du sie unterscheiden,
gleicht jeder den anderen beiden.
20 Der erste ist *nicht* da, er kommt erst nach Haus.
Der zweite ist *nicht* da, er ging schon hinaus.
Nur der dritte ist da, der Kleinste der drei,
denn ohne ihn gäb's nicht die anderen zwei.
Und doch gibt's den dritten, um den es sich handelt,
25 nur weil sich der erst' in den zweiten verwandelt.
Denn willst du ihn anschaun, so siehst du nur wieder
immer einen der anderen Brüder!
Nun sage mir: Sind die drei vielleicht einer?
Oder sind es nur zwei? Oder ist es gar – keiner?
30 Und kannst du, mein Kind, ihre Namen mir nennen,
so wirst du drei mächtige Herrscher erkennen.
Sie regieren gemeinsam ein großes Reich –
und sind es auch selbst! Darin sind sie gleich."

Meister Hora schaute Momo an und nickte aufmunternd. Sie hatte
35 gespannt zugehört. Da sie ein ausgezeichnetes Gedächtnis hatte,
wiederholte sie nun das Rätsel langsam Wort für Wort.

„Hui!", seufzte sie dann, „das ist aber wirklich schwer. Ich hab' keine
Ahnung, was es sein könnte. Ich weiß überhaupt nicht, wo ich anfangen
soll."

40 „Versuch's nur", sagte Meister Hora.

Momo murmelte noch einmal das ganze Rätsel vor sich hin. Dann
schüttelte sie den Kopf.

„Ich kann's nicht", gab sie zu.

Inzwischen war die Schildkröte nachgekommen. Sie saß neben
45 Meister Hora und guckte Momo aufmerksam an.

„Nun, Kassiopeia", sagte Meister Hora, „du weißt doch alles eine halbe
Stunde voraus. Wird Momo das Rätsel lösen?"

„SIE WIRD!", erschien auf Kassiopeias Rückenpanzer.

„Siehst du!", meinte Meister Hora zu Momo gewandt, „du wirst es lösen.
50 Kassiopeia irrt sich nie."

Momo zog ihre Stirn kraus und begann, angestrengt nachzudenken.
Was für drei Brüder gab es überhaupt, die zusammen in einem Haus
wohnten? Dass es sich dabei nicht um Menschen handelte, war klar.
In Rätseln waren Brüder immer Apfelkerne oder Zähne oder so was,
55 jedenfalls Sachen von der gleichen Art. Aber hier waren es drei Brüder,
die sich irgendwie ineinander verwandelten. Was gab es denn, was sich
ineinander verwandelt? Momo schaute sich um. Da standen zum Beispiel
die Kerzen mit den reglosen Flammen. Da verwandelte sich das Wachs
durch die Flamme in Licht. Ja, das waren drei Brüder. Aber es ging
60 doch nicht, denn sie waren ja alle drei da. Und zwei davon sollten ja
nicht da sein. Also war es vielleicht so etwas wie Blüte, Frucht und
Samenkorn. Ja, tatsächlich, da stimmte schon vieles. Das Samenkorn war
das kleinste von den dreien. Und wenn es da war, waren die beiden
anderen nicht da. Und ohne es gäb's nicht die anderen zwei. Aber es ging
65 doch nicht! Denn ein Samenkorn konnte man doch sehr gut anschauen.

Und es hieß doch, dass man immer einen der anderen Brüder sieht,
wenn man den kleinsten der drei anschauen will.

Momos Gedanken irrten umher. Sie konnte und konnte einfach keine Spur
finden, die sie weitergeführt hätte. Aber Kassiopeia hatte ja gesagt,
70 sie würde die Lösung finden. Sie begann also noch einmal von vorn
und murmelte die Worte des Rätsels langsam vor sich hin. Als sie
zu der Stelle kam: „Der erste ist *nicht* da, er kommt erst nach Haus ...", sah
sie, dass die Schildkröte ihr zuzwinkerte. Auf ihrem Rücken erschienen
die Worte: „DAS, WAS ICH WEISS!" und erloschen gleich darauf wieder.

75 „Still, Kassiopeia!", sagte Meister Hora schmunzelnd, ohne dass er
hingeguckt hatte, „nicht einsagen! Momo kann es ganz allein."
Momo hatte die Worte auf dem Panzer der Schildkröte natürlich gesehen
und begann nun nachzudenken, was gemeint sein könnte.
Was war es denn, was Kassiopeia wusste? Sie wusste, dass Momo das
80 Rätsel lösen würde. Aber das ergab keinen Sinn.
Was wusste sie also noch? Sie wusste immer alles, was geschehen
würde. Sie wusste ...
„Die Zukunft!", rief Momo laut. „Der erste ist nicht da, er kommt erst nach
Haus – das ist die Zukunft!"
85 Meister Hora nickte.
„Und der zweite", fuhr Momo fort, „ist *nicht* da, er ging schon hinaus – das
ist dann die Vergangenheit!"
Wieder nickte Meister Hora und lächelte erfreut.
„Aber jetzt", meinte Momo nachdenklich, „jetzt wird es schwierig.
90 Was ist denn der dritte? Er ist der kleinste der drei, aber ohne ihn gäb's
nicht die anderen zwei, heißt es. Und er ist der einzige, der da ist."
Sie überlegte und rief plötzlich:
„Das ist jetzt! Dieser Augenblick! Die Vergangenheit sind ja die
gewesenen Augenblicke und die Zukunft sind die, die kommen! Also gäb's
95 beide nicht, wenn es die Gegenwart nicht gäbe. Das ist ja richtig!"

Momos Backen begannen, vor Eifer zu glühen. Sie fuhr fort:
„Aber was bedeutet das, was jetzt kommt?

> *Und doch gibt's den Dritten, um den es sich handelt,*
> *nur weil sich der erst' in den zweiten verwandelt ...*

100 Das heißt also, dass es die Gegenwart nur gibt, weil sich die Zukunft in
die Vergangenheit verwandelt!"

Sie schaute Meister Hora überrascht an.
„Das stimmt ja! Daran hab' ich noch nie gedacht. Aber dann gibt's ja den
Augenblick eigentlich gar nicht, sondern bloß Vergangenheit und Zukunft?
105 Denn jetzt zum Beispiel, dieser Augenblick – wenn ich darüber rede, ist er
ja schon wieder Vergangenheit! Ach, jetzt versteh' ich, was das heißt:

> *Denn willst du ihn anschaun, so siehst du nur wieder immer*
> *einen der anderen Brüder!*

Und jetzt versteh ich auch das Übrige, weil man meinen kann, dass es
110 überhaupt nur einen von den drei Brüdern gibt: nämlich die Gegenwart,
oder nur Vergangenheit und Zukunft. Oder eben gar keinen, weil es ja
jeden bloß gibt, wenn es die anderen auch gibt. Da dreht sich einem ja
alles im Kopf!"

„Aber das Rätsel ist noch nicht zu Ende", sagte Meister Hora.
115 „Was ist denn das große Reich, das die drei gemeinsam regieren und
das sie zugleich selber sind?"
Momo schaute ihn ratlos an. Was konnte das wohl sein?
Was war denn Vergangenheit, Gegenwart und Zukunft, alles zusammen?
Sie schaute in dem riesigen Saal umher. Ihr Blick wanderte über die
120 tausend und abertausend Uhren, und plötzlich blitzte es in ihren Augen.
„Die Zeit!", rief sie und klatschte in die Hände, „ja, das ist die Zeit! Die Zeit
ist es!", und sie hüpfte vor Vergnügen ein paar Mal.
„Und nun sag mir auch noch, was das Haus ist, in dem die drei Brüder
wohnen!", forderte Meister Hora sie auf.
125 „Das ist die Welt", antwortete Momo.
„Bravo!", rief nun Meister Hora und klatschte ebenfalls in die Hände.
„Meinen Respekt, Momo! Du verstehst dich aufs Rätsellösen!
Das hat mir wirklich Freude gemacht!"

Michael Ende

Tagträumer und Lebensfragen

Worüber wir staunen

Worüber wir staunen:
Dass die Welt hinter den Bergen
nicht zu Ende ist,
dass, was dir im Spiegel begegnet, du selber bist,
dass die Erde rund ist und sich dreht,
dass der Mond, auch wenn es regnet, am Himmel steht,
dass die Sonne, die jetzt bei uns sinkt,
andern Kindern Guten Morgen winkt.

Max Bolliger

Ein Schnurps grübelt

Also, es war einmal eine Zeit,
da war ich noch gar nicht da. –
Da gab es schon Kinder, Häuser und Leut'
und Papa und Mama,
5 jeden für sich –
nur ohne mich!

Ich kann mir's nicht denken. Das war gar nicht so.
Wo war ich denn, eh es mich gab?
Ich glaub, ich war einfach anderswo,
10 nur, dass ich's vergessen hab,
weil die Erinnerung daran verschwimmt –
ja, so wars bestimmt!

Und einmal, das sagte der Vater heut,
ist jeder Mensch nicht mehr hier.
15 Alles gibt's noch: Kinder, Häuser und Leut',
auch die Sachen und Kleider von mir.
Das bleibt dann für sich –
bloß ohne mich.

Aber ist man dann weg?
20 Ist man einfach fort?
Nein, man geht nur woanders hin.
Ich glaube, ich bin dann halt wieder dort,
wo ich vorher gewesen bin.
Das fällt mir dann bestimmt wieder ein.
25 Ja, so wird es sein!

Michael Ende

Gehört das so??!
Die Geschichte von Elvis

Erst wussten wir gar nicht, was los war.
Plötzlich zog sie vorbei.
Zog vorbei mit ihrer knallroten
Lackleder-Omahandtasche.
5 Stand mächtig unter Dampf.
Wir nichts wie hinterher.
Der mit der feinsten Nase vorweg.
Und dann? – Dann legte sie los.

„Gehört das so??!"

Gehört das so??!

10 Dann zog sie weiter.
Also sowas.
Wir blieben dran.
Der vorneweg, der am wenigsten auffiel.
„Gehört das so??!"
15 Dann zog sie weiter.
Das kannten wir ja schon.
Ganz schön merkwürdig, fanden wir.
Und blieben dran.
Der mit dem Koffer vorneweg.
20 (Weiß der Himmel, was er da drin hat.)
„Gehört das so??!"
Wir fragten uns: Was macht die da?
Schulterzucken.
Aber bei allen.
25 Bis die Lange, die zu uns gehört, sich traute:
„Was ist eigentlich los mit dir?"
„Elvis ist tot!", brüllte die Kleine.
„Ja, ja, der Arme …"
„Wo er so schön singen konnte …"
30 „… und so schick mit den Hüften wackeln."
„Tutti Frutti …" – „Wuff."
„Nicht der Elvis …"

Gehört das so??!

Sie öffnete ihre knallrote Lackleder-Omahandtasche,
hielt sie uns unter die Nase und fing an zu weinen.

35 „... mein Elvis!!!"
In der Tasche lag ein kleiner gelber Vogel und war tot.
„Schade, schade ..." – „Ach so, darum ..."
„Wie traurig ..."- „... der Arme ..." – „Wuff."
Ging uns irgendwie nah, das Ganze.

40 „Eine Erdbestattung", schlug dann einer von uns vor.
Haben wir auch gemacht,
mit allem Drum und Dran.

Prozession.
Mit Kerze,

45 Kranz mit Schärpe,
Blumen,
Weihrauch ...
Abschied.
Ach ja ...

50 Dann setzten wir uns noch zusammen.
Trauerfeier mit Bienenstich und Kakao.
Sie erzählte ...
Und wir hörten wie Elvis so gewesen war.
Wir weinten ein bisschen, nahmen uns in die Arme

55 und malten uns aus, wie es wohl werden würde,
wenn der eine Elvis den anderen Elvis traf.
Und da mussten wir lachen,
obwohl wir so traurig waren.
Schön war's.

Peter Schössow

König Wirklich Wahr

„Weißt du, wo mein Lippenstift sein könnte?",
rief Leos Mutter. Sie klang leicht genervt.
„Keine Ahnung", sagte Leo und malte seelenruhig weiter.
Leos Mutter stand plötzlich in der Tür zu Leos Zimmer.
5 „Es geht mir nicht um meinen Lippenstift",
sagte sie. „Aber wenn ich dich etwas frage,
will ich darauf eine wahrheitsgemäße Antwort."
„Dann hättest du doch den Lippenstift
wiederhaben wollen", antwortete Leo.
10 „Und ich war noch nicht fertig."
„Trotzdem", beharrte Leos Mutter.
„Man muss immer die Wahrheit sagen.
Das weißt du doch."

„Wie gefällt dir meine neue Frisur?", fragte Laura am nächsten Tag in der Schule.
15 Leo betrachtete eingehend die Neuigkeiten auf Lauras Kopf.
„Gar nicht", sagte er dann. „Jetzt sieht man, dass du zu große Ohren hast."
„Meine Ohren sind genau richtig", sagte Laura gekränkt.
Sie wartete nach der letzten Stunde nicht auf Leo. Wie sonst immer.

„Wir sind bei Tante Karin eingeladen", sagte Leos Mutter nach dem Mittagessen.
20 Leo zog ein Gesicht.
„Da gibt's bestimmt wieder diesen Kuchen mit Käfern drin."
Leos Mutter lachte.
„Du meinst den Rosinenkuchen? Ich mag ihn eigentlich auch nicht."
Der Kuchen stand schon auf dem Tisch, als sie zu Tante Karin kamen.
25 „Du möchtest bestimmt ein großes Stück, nicht wahr?", fragte Tante Karin.
Leo schüttelte energisch den Kopf.
„Nicht einmal ein kleines", sagte er.
„Du bist der Erste, dem mein Rosinenkuchen nicht schmeckt",
bemerkte Tante Karin spitz.
30 „Der Zweite", verbesserte Leo. „Mama mag ihn auch nicht."
Leo merkte, dass seine Mutter überhaupt nicht froh darüber war, die Wahrheit
zu hören.

Später saß Leo völlig verbittert auf seinem Bett. Alle behaupten immer,
man muss die Wahrheit sagen, dachte er. Aber man hat nichts als Ärger davon.

35 Genau während er das dachte, bemerkte er es. Etwas in seinem neuen Bilderbuch
bewegte sich. Dann tauchte zwischen zwei Seiten ein hochroter Kopf auf.
Mit schief sitzender Krone.
„Wirklich Wahr – dich gibt's?", fragte Leo.
„Wirklich und wahr", sagte der König und plumpste wenig würdevoll auf den Nachttisch.

40 „König Wirklich Wahr in voller Größe. Mir scheint, du hast ein paar Leute verärgert?"
Leo nickte finster. Der kleine König rückte seine Krone zurecht.
„Das Problem mit der Wahrheit ist, dass man sie erst finden muss."
„Wirklich wahr?", fragte Leo. „Aber die Wahrheit ist doch sonnenklar."
„Meinst du?

45 Eine Ameise trifft einen Elefanten.
Sie sagt zu ihm: Ich bin viel stärker als du.
Natürlich lacht sich der Elefant schief darüber."
„Würd ich auch an seiner Stelle", sagte Leo.
„Ich kann das Zehnfache meines Körpergewichts tragen, erklärt die Ameise,

50 nachdem der Elefant fertig gelacht hat.
Kannst du das auch?
Wer von beiden hat nun die Wahrheit gesagt?"
„Hmm", machte Leo.

„Aber reden wir mal von deinem Urgroßvater", sagte der kleine König.

55 „Ich hab gar keinen Urgroßvater", meinte Leo.

„Dann stell ihn dir einfach vor", verlangte der König.

„Er ist sehr alt, sehr nett und sehr allein.

Und am Sonntag will ihn deine Mutter wieder einmal besuchen.

Eigentlich möchtest du viel lieber dein neues Computerspiel ausprobieren.

60 Aber deine Mutter schleppt dich mit. Und dann fragt dich ebendieser Urgroßvater,

ob du nicht viel lieber was ganz anderes tun würdest, als ihn zu besuchen.

Was genau sagst du darauf?"

„Hmm", machte Leo. „Willst du damit sagen, dass man lügen soll?"

Der kleine König schüttelte den Kopf so heftig, dass ihm die Krone endgültig

65 bis über die Ohren rutschte. Er schob sie schnell wieder hoch.

„Aber die Wahrheit suchen, die für dich richtig ist", sagte er.

„Wirklich wahr?", fragte Leo. „Und wo finde ich sie?"

„Also, ich spür sie hier", sagte König Wirklich Wahr und zeigte dorthin,

wo Leo den Bauch des Königs vermutete. Vielleicht auch ein bisschen höher.

70 Im nächsten Augenblick war er verschwunden. Nur die Seiten des Bilderbuchs

bewegten sich noch ein wenig.

Eine Weile saß Leo auf seinem Bett und überlegte, ob er geträumt hatte.

Dann dachte er darüber nach, was der seltsame kleine König gesagt hatte.

Und dann plötzlich spürte er etwas. Im Bauch. Vielleicht auch etwas höher.

75 Leo ging in die Küche und zog eine gelbe Blume

aus einem dicken Strauß, der in einer Vase am Fenster stand.

„Was willst du mit der Blume?", fragte Leos Mutter.

Leo überlegte, welche Wahrheit für ihn richtig war.

„Sie Laura schenken", sagte er.

80 „Damit sie weiß, dass sie mir

auch mit großen Ohren gefällt."

Edith Schreiber-Wicke

Lustiger Mond

Gestern Abend um halb achte
fiel der Mond in unseren Teich.
Doch was meint ihr, was er machte?
Er stand einfach auf und lachte,
so als wär's ihm schrecklich gleich.
Zwar er war ein wenig blasser,
aber das war nicht so wild,
denn da unten das im Wasser
war ja nur sein Spiegelbild.

Gustav Sichelschmidt

Calvin und Hobbes

Der Spaßvogel und die Kaninchensuppe

Einmal brachte ein Jäger dem Spaßvogel Avanti ein Kaninchen.
Avanti bedankte sich für das Geschenk. Er kochte aus dem Kaninchen
eine gute Suppe und lud den Jäger zum Abendessen ein.

Etwa eine Woche später klopfte jemand an Avantis Tür.
5 „Wer ist dort?", fragte Avanti.
„Ich bin ein Freund vom Jäger, der dir das Kaninchen gebracht hat",
antwortete der Gast.
Avanti bat den Mann hereinzukommen und bewirtete ihn ebenfalls mit
Kaninchensuppe.

10 Nach einigen Tagen erschienen vor Avantis Hütte fünf oder sechs Leute.
„Wir sind Freunde vom Freund des Jägers, der dir das Kaninchen
gebracht hat", riefen sie von weitem.
Avanti begrüßte sie herzlich, bat sie hereinzukommen und
bewirtete sie mit Suppe und Tee.

15 Die Nachricht von Avantis Gastfreundschaft verbreitete sich bald
im ganzen Land. Am dritten Tag standen vor seiner Hütte schon
etwa zehn oder zwölf Leute.
„Wir sind Freunde der Freunde vom Freund des Jägers, der dir
das Kaninchen gab", riefen sie, kaum dass Avanti in der Tür erschienen war.

20 Als Spaßvogel Avanti sie erblickte, lachte er und sagte heiter:
„Das ist wunderbar! So kommt nur weiter, auch ihr dort, kommt nur weiter!"
Er führte sie in die Stube, ließ sie Platz nehmen, und dann brachte er ihnen
eine Schüssel trüben Wassers.
„Was ist das?", rümpften die Gäste die Nase über diese Bewirtung.
25 „Was das ist?", meinte Avanti.
„Das ist die Suppe aus der Suppe aus der Suppe von dem Kaninchen,
das mir euer Freund, der Jäger, gebracht hat."

Und seit dieser Zeit gingen die Leute nicht mehr zu Avanti
Kaninchensuppe essen.

aus Ligurien

Ist „gerecht" immer „gleich"?

Die Bewohner des Landes Egalia finden, dass es an Weihnachten
sehr ungerecht zugeht: Manche Kinder bekommen Unmengen
von Geschenken, andere nur eins oder zwei.
Manche bekommen sehr große Geschenke, andere nur kleine.
5 Damit diese Ungerechtigkeit ein Ende hat, erlassen sie
ein neues Gesetz:
Im November erhalten alle Eltern ein Schreiben, in dem steht,
was sie ihren Kindern schenken dürfen. Das hängt vom Alter ab.
In diesem Jahr bekommen die Jungen zwischen sechs und acht
10 Jahren alle ein Zorro-Kostüm und ein Buch, die gleichaltrigen
Mädchen ein Schminkköfferchen und Buntstifte.

Brigitte Labbé, Michael Puech

Denken üben (Auszug)

Papa verschwand hinter den Fichten und im selben Augenblick glitt der Sandwolf aus
dem Sand hervor, glitzerglücklich im goldenen Fell und mit wedelndem Schwanz.
„Bravo", sagte er. „Du kannst ja jetzt beinahe schwimmen."
„Ja, aber nur beinahe", sagte Zackarina. Warum musste es so schwierig sein,
5 schwimmen zu lernen? Wenn Papa sie festhielt, ging es gut. Aber sobald er sie losließ,
tauchte sie unter. Es half nichts, dass sie mit den Beinen strampelte und mit den
Armen paddelte, sosehr sie nur konnte. Sie ging trotzdem unter. Papa sagte, sie solle
sich entspannen, aber das funktionierte nicht. Man konnte sich doch nicht entspannen
und gleichzeitig Schwimmzüge machen. „Es ist so ungerecht", sagte sie.
10 „Ja, ich weiß", sagte der Sandwolf. „Aber ich bin so klug und schön, das ist einfach so."
Zackarina knuffte ihn in die Seite.
„Ich spreche von den Fischen", sagte sie.
„Die Fische?", fragte der Sandwolf. „Was ist ungerecht mit ihnen?"
„Dass sie schwimmen können", sagte Zackarina. „Sie brauchen noch nicht einmal
15 zu üben und sie können es trotzdem. Und die Vögel!" Sie zeigte auf die Möwen, die
so leicht zwischen Himmel und Meer dahinschwebten. „Sie können fliegen", sagte sie.
„Und das will ich auch können, und springen." – „Wie ein Vogel?", fragte der Sandwolf.
„Nein, wie ein Känguru", sagte Zackarina. „Sie sind die Weltbesten im Springen."
Der Sandwolf nickte und sagte, dass fast alle Tiere und Insekten unglaublich gut bei
20 etwas Speziellem seien – beim Laufen, Klettern, Kriechen oder Schleichen. Und die
Fledermäuse, die so gut hörten, dass sie im Dunkeln fliegen konnten! Und die
Schmetterlinge, die einander kilometerweit riechen konnten, und die Adler!
Was für Augen, welch messerscharfer Blick! Zackarina seufzte. „Und ich?", sagte sie.
„Ich kann nichts. Nichts, das irgendwie speziell ist."
25 Aber da sagte der Sandwolf, das könne sie natürlich. Er sagte, Menschen seien
mindestens in zwei Dingen spezialgut.
„In welchen zwei denn?", fragte Zackarina.
Der Sandwolf öffnete das Maul, um zu antworten.
„Nein, warte!", rief Zackarina. „Ich will raten."
30 Und so fing sie an zu überlegen. Was konnten Menschen,
das so besonders war? Es konnte nichts mit Maschinen
oder Autos zu tun haben, denn das wäre irgendwie
Schummelei. Es musste etwas mit dem menschlichen
Körper zu tun haben. Auf zwei Fingern pfeifen, vielleicht?

„So rate doch!", sagte der Sandwolf. – „Warte doch, ich denke", sagte Zackarina.
„Ja! Richtig!", heulte der Sandwolf und sprang hoch.
„Was?", sagte Zackarina. „Wovon sprichst ..."
„Juhuuu! Wieder richtig", rief der Sandwolf und streckte
den Schwanz nach oben.
„Aber was habe ich denn gesagt?", fragte Zackarina.
„Denken und sprechen", sagte der Sandwolf.
„Das sind die Sachen, die nur Menschen können."
Zackarina dachte nach. Vielleicht stimmte es. Denn
Fische zum Beispiel konnten nicht reden – und wie
war es mit den Vögeln? Konnten die denken? Oder
flogen sie einfach so? Schwangen sie nur die Flügel,
ohne einen einzigen Gedanken in ihren Vogelköpfen?
„Also, die Vögel", sagte sie, „wissen die etwas? Verstehen sie, dass sie fliegen?"
Der Sandwolf setzte sich und lächelte glücklich. Dies, sagte er, sei wirklich
kein schlechter Gedanke! Es sei eine sehr interessante Frage. Wissen die Vögel,
dass sie fliegen? Es war genau die Sorte Fragen, die er sich zu stellen pflegte,
wenn er das Denken üben wollte.
„Einen solchen Gedanken kann man lange mit sich herumtragen", sagte er.
„Ihn drehen und wenden, in kleine Teile zerlegen und wieder zusammensetzen."
Zackarina war ziemlich stolz, einen so kniffeligen Gedanken gefunden zu haben.
„Und du?", sagte sie. „Hast du etwas, worüber man nachdenken kann?"
Der Sandwolf zog sich an den Schnurrhaaren. „Na ja, wenn man das Denken
üben will", sagte er, „kann man sich immer fragen, warum?"
„Warum?", fragte Zackarina. „Warum was denn?"
„Warum was auch immer", sagte der Sandwolf. „Eine meiner Lieblingsfragen ist:
Warum die Fliege? Darüber kann ich eine Woche lang nachdenken."
Er spitzte die Ohren. Vom Pfad her hörte man Schritte. Da kam Papa mit der
Thermoskanne und Zwieback. Der Sandwolf schimmerte auf und glitt leise in den Sand.
„Wie geht's?", fragte Papa. „Ist dir jetzt wieder wärmer?"
Zackarina sagte, ihr sei sehr warm. Sie fand, sie könnten mit dem Schwimmunterricht
gleich weitermachen und mit dem Tee warten, und Papa war einverstanden.
Sie legte sich ins Wasser. Papa hielt sie fest. „Und jetzt die Schwimmzüge", sagte er.
„Warte ein bisschen, ich muss denken", sagte Zackarina. Sie ruhte im Meer, auf Papas
Händen. Hoch oben wölbte sich der Himmel, blau und klar. Warum?, dachte sie.
Warum blau? In diesem Augenblick und ohne dass sie es merkte, ließ Papa sie los.

Åsa Lind

Zwölf mit der Post

Irgendwo am Ende der Welt ist eine Postkutsche an einer Grenzstelle
vorgefahren. Die Tür öffnet sich, und heraus steigen zwölf Fahrgäste –
Frauen und Männer. Der Grenzbeamte lässt sich die Pässe geben
und schaut dabei einen nach dem anderen an.

5 Zuerst kommt ein dicker Mann in einem Pelzmantel.

„Ich habe es sehr eilig", sagt er.

„Denn ich gebe viele Bälle, einunddreißig Tage lang. Im Pass steht
mein Name."

Der Nächste ist ein vergnügter kleiner Bursch.

10 „Entschuldigen Sie", stellt er sich vor, „ich bin etwas zu kurz geraten,
nur achtundzwanzig Tage lang. Aber das Leben macht mir Spaß."

Er deutet auf seinen Namen im Pass.

„Der dritte Herr sieht etwas mager und verfroren aus. Aber er trägt einen
Veilchenstrauß im Knopfloch und lächelt still. Schon drängt ihn

15 der Nächste mit einem Regenschirm unterm Arm beiseite.

„Warum ziehen Sie denn dauernd Ihre Jacke an und aus?",
will der Grenzbeamte wissen.

„Ach, wissen Sie, kalt und warm, auf und ab, Regen und Sonnenschein,
das macht Vergnügen."

20 Jetzt trippelt eine reizende junge Dame daher. Sie duftet nach Maiglöckchen
und trägt einen Singvogel auf dem Hut.

„Danke, gnädiges Fräulein", sagt der Beamte höflich und nimmt ihren Pass.

Die beiden Nächsten sind Geschwister: eine junge Frau und ihr Bruder. Sie haben wenig Gepäck bei sich, nur Badeanzüge und Sommersachen.

25 Dann schiebt sich eine dicke, gemütliche Frau heran. Sie ist Obsthändlerin, wie sie sagt, und besitzt eine Limonadenfabrik. „Arbeit und Brot macht die Wangen rot", sagt sie und nickt dabei. Der Nächste ist bestimmt ein Maler. Er hat einen grauen Mantel an und eine schwarze Mütze auf dem Kopf. Ein Farbkasten ist sein einziges Gepäck.

30 „Platz da!", sagt ein Gutsbesitzer mit Hund und Gewehr und einer Tasche voller Nüsse. Er erzählt dem Beamten etwas von der Landwirtschaft. Aber man kann kein Wort verstehen, weil der nächste Fahrgast ununterbrochen hustet und sich in ein riesiges Taschentuch schnäuzt. Der Arme kann kaum seinen Pass vorzeigen vor lauter Niesen.

35 Ganz zuletzt steigt eine zarte alte Dame aus der Kutsche. Sie hat ein Gesicht wie ein Borsdorfer Äpfelchen und strahlende blaue Augen. In der einen Hand hält sie einen Blumentopf mit einem Tannenbaum, mit der andern zerrt sie einen großen Koffer aus der Kutsche. „Lauter Geschenke", sagt sie. „Bis zum Weihnachtsabend ist der Baum ganz

40 groß. Dann wird er geschmückt. Dazu erzähle ich vom Stern von Bethlehem." Die alte Dame lächelt vergnügt. „Die Zwölf können die Reise fortsetzen", sagt der Hauptmann in der Wache, „aber immer nur einer auf einmal. Den Pass behalte ich. Er gilt für jeden einen Monat. Darf ich bitten?"

Hans Christian Andersen

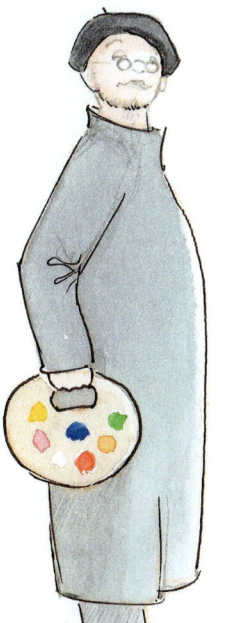

Mein Drachen

Hui
Wie er saust
Hei
Wie er braust
Mein Drachen
Tolle Sachen
Kann er machen
Auf dem Kopf stehn
Und lachen
Seinen zotteligen
Zopfigen Schwanz drehn
Bärenstark rauschen
Oder ganz stille
Hoch oben
Am Himmel schweben
Als würde lauschen
Er einem Lied
Das leise ganz fern
Über den Himmel zieht

Titus
Mein Drachen
Kann lachen
Bei sonnigem Wetter
Ha Ha
Bei stürmischen Wetter
Ist er noch netter
Er zippelt und zappelt
Verdreht seinen Kopf
Er zuppelt und wackelt
Schwingt seinen Zopf
Geflochten aus Bändern und
Schleifen

Schnell
Will ich ihn greifen
Zu spät!
Mein Titus entschwebt
Ist nur noch
Am Himmel
Ein silberner Streifen

Rainer Hohmann

Einleinerdrachen

Die Grundform aller Drachen besteht aus einem Segel, das durch mehrere
Stangen aufgespannt wird. Daran ist eine lange Leine befestigt. Die Leine
ist auf einer Spule aufgerollt. Diese Spule hältst du beim Drachensteigen
5 in der Hand. Du kannst diesen Drachen nicht
lenken. Daher nennt man ihn auch ungelenkten
Drachen. Lässt du deinen Drachen steigen,
darfst du die Leine nicht zu locker halten, sonst
bricht er dir seitlich aus. Ziehst du an der Leine,
10 gelangt dein Drachen immer wieder in seine
Flugbahn zurück und fliegt geradeaus.

Mehrleinige Drachen oder Lenkdrachen

Erst im 20. Jahrhundert begann man, die ersten lenkbaren Drachen
zu entwickeln. Ein Lenkdrachen hat mindestens zwei Leinen, an denen du
unterschiedlich stark ziehen kannst und ihn somit in verschiedene Richtungen
lenkst. Jede Leine ist mit einem Teil des Drachens
5 verbunden. Der Deltadrachen ist der bekannteste
Lenkdrachen. Er hat meist ein V-förmiges Segel.
Kleine Lenkdrachen fliegen schneller als große.
Große Lenkdrachen fliegen zwar langsamer,
können aber stärkere Zugkräfte entwickeln.
10 Bei starkem Wind solltest du aufpassen,
dass du von dem großen Drachen nicht
in die Luft gezogen wirst.

Vierleinerdrachen

Ein Vierleinerdrachen hat zwei Steuerleinen und
zwei Bremsleinen. Du kannst ihn also mit vier
Leinen lenken.
Vierleinerdrachen können rückwärtsfliegen,
5 auf der Stelle stehen oder sich drehen und nach
dem Flug sogar sanft auf den Boden aufsetzen.

Septembermorgen

Im Nebel ruhet noch die Welt,
noch träumen Wald und Wiesen:
bald siehst du, wenn der Schleier fällt,
den blauen Himmel unverstellt,
herbstkräftig die gedämpfte Welt
in warmem Golde fließen.

Eduard Mörike

Herbstbild

Dies ist ein Herbsttag, wie ich keinen sah!
Die Luft ist still, als atmete man kaum,
und dennoch fallen raschelnd, fern und nah,
die schönsten Früchte ab von jedem Baum.

O stört sie nicht, die Feier der Natur!
Dies ist die Lese, die sie selber hält,
denn heute löst sich von den Zweigen nur,
was von dem milden Strahl der Sonne fällt.

Friedrich Hebbel

Hans und die Vorratshaltung

Hans wusste nicht, was er machen sollte, als er aufwachte. Sollte er
einige kleine Triebe und Beeren suchen gehen oder bereits seine Vorräte
anbrechen? Für ein Eichhörnchen war er sehr schlecht organisiert und es kam
oft vor, dass er schon vor Ende des Winters nichts mehr zu beißen hatte.

5 Dann ging er zu Fred und sie verbrachten den Rest des Winters zusammen
und ernährten sich von Freds Vorräten.

Fred war das genaue Gegenteil von Hans. Sein Speicher war immer voll.
Im Übrigen war er richtig fett und konnte schon seit langem nicht mehr
von Baum zu Baum springen. Es war amüsant zu sehen, wie er vorsichtig

10 von seinem Baum herunterstieg und auf den Nachbarbaum kletterte,
während alle Welt von einem Baum zum anderen sprang. Nach kurzer Überlegung
ging Hans nicht an seine Vorräte. Er würde auch keine Beeren suchen gehen.
Er begab sich direkt zu Fred. Fred war damit beschäftigt, sich mit einer
getoasteten Brioche vollzustopfen, auf die er Nugatcreme geschmiert hatte.

15 Das mochte Hans am liebsten.

Entgegen seiner Gewohnheit bot ihm Fred dieses Mal nichts an und begann,
mit ihm zu plaudern, während er sich eine dicke Brioche-Scheibe nach der
anderen bestrich.

Hans hörte ein Geräusch in Freds Schlafzimmer und kurz danach sah er

20 eine reizende Eichhorn-Frau eintreten, die noch im Nachthemd war.
„Scharah, dasch ischt Hansch. Hansch, darf isch dir Scharah vorstellen",
sagte Fred mit vollem Mund.
„Guten Tag." – „Guten Tag."
„Das war es also!", dachte Hans. Fred hatte eine Freundin und er bot ihm

25 nichts mehr zu fressen an, ihm, seinem Freund.
Hans dachte, dass die Frauen jede Männerfreundschaft zerstören, und als er ging,
fragte er sich, bei wem er wohl frühstücken könnte. Er fand niemand und ging
nach Hause. Er dachte, er müsste sich ins Zeug legen, um Vorräte anzulegen,
zumal die Saison für Dörrobst schon weit fortgeschritten war. Oder aber:

30 eine Freundin finden. Nicht, um sie zu ernähren, nein. Sie sollte ihn ernähren.
Er setzte seinen Hut wieder auf, strich die Haare seines Schwanzes glatt, ging kurz
mit dem Kamm durch seine langen, roten Wimpern und verließ das Haus.

Gregoire Solotareff, aus dem Französischen von Werner Leonhard

Nebel

Ein Vorhang aus Luft
und Duft
gewoben,
und wie der Wind
geschwind
zerstoben.

Friedrich Güll

Nebel

Ich stehe am Fenster und schaue hinaus.
Ei! Seht doch: Verschwunden ist Nachbars Haus!
Sagt: Wo ist die Straße, wo ist der Weg?
Wo sind die Zäune, wo ist der Steg?
Der Nebel bleibt hängen, hält alles versteckt,
hat Straßen und Häuser ganz zugedeckt.

Ernst Kreidolf

Herbstlied

Es war spät im Herbst. Der Schnupferich wanderte immer weiter nach Süden.
Der Wald war regenschwer, die Bäume standen reglos da.
Alles sah welk und abgestorben aus, unten jedoch spross der geheime Garten
des Spätherbstes mit rasender Kraft aus dem vermodernden Waldboden,
5 eine fremde Welt aus glänzenden, schwellenden Pflanzen, die nichts mit
dem Sommer zu tun hatten.
Das nackte Heidelbeerkraut schimmerte gelbgrün und die Moosbeeren
leuchteten dunkelrot wie Blut. Verborgene Flechten und Moose krochen hervor
und wuchsen zu einem großen, weichen Teppich, der schließlich
10 den ganzen Wald bedeckte. Überall leuchteten neue, kräftige Farben,
rote Vogelbeeren lagen auf der Erde. Das Farnkraut aber war schwarz.

Der Schnupferich verspürte Lust auf ein neues Lied. Er wartete, bis er
ganz sicher war, dann holte er eines Abends seine Mundharmonika hervor,
die zuunterst im Rucksack lag. Irgendwann im August hatte er irgendwo
15 im Mumintal fünf Takte gefunden, den glänzenden Anfang einer Melodie.
Die Takte waren von ganz alleine gekommen, wie Töne es eben tun,
wenn man sie in Ruhe lässt. Jetzt war der Moment da, jetzt würde er sie
hervorholen und ein Regenlied daraus machen.
Er wartete und wartete. Die fünf Takte kamen nicht. Er wartete unbesorgt
20 weiter, mit Melodien kannte er sich ja aus. Doch das Einzige, was er hörte,
war ein schwaches Rauschen – Regen und fließendes Wasser.
Allmählich wurde es dunkel. Der Schnupferich holte seine Pfeife heraus,
steckte sie aber wieder ein. Die fünf Takte waren noch im Mumintal.
Er würde sie nur finden, wenn er dorthin zurückkehrte, das war ihm klar.

25 Es gibt unendlich viele Melodien, die man jederzeit einfangen kann,
unendlich viele Melodien, die jederzeit entstehen. Aber der Schnupferich
ließ sie alle davonflattern, das waren ja nur irgendwelche Sommerlieder.

Tove Jansson

Wo man Geschenke verstecken kann

Im Keller hinter Kartoffelkisten,
im Schreibtisch zwischen Computerlisten,
in alten verstaubten Bauerntruhen,
in ausgelatschten Wanderschuhen,
5 auf Wohnzimmerschränken, in Blumenvasen,
ja selbst in Bäuchen von flauschigen Hasen,
in Einzelsocken, ohne Loch,
und eine Möglichkeit wäre noch,
das Geschenk unter die Matratze zu legen.
10 Das ist nicht so gut der Bequemlichkeit wegen
Der Toilettenspülkasten eignet sich nicht,
denn welches Geschenk ist schon wasserdicht.
Ob sperrig, ob handlich, ob groß oder klein:
Geschenkeverstecken muss einfach sein.
15 Das einzig Schwierige daran ist,
dass man das Versteck so leicht vergisst.

Regina Schwarz

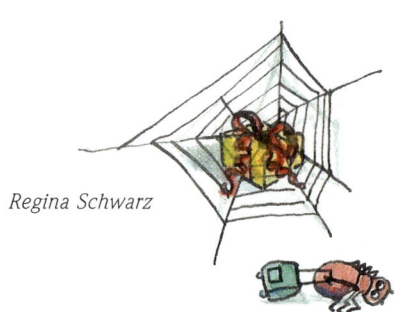

Felix trifft den Nikolaus

*Sophies Kuschelhase Felix hat sich auf die Reise gemacht,
um den Weihnachtsmann zu finden.*

Am Nikolausmorgen huschen Sophie und Lena in ihren Schlafanzügen blitzschnell die Treppe hinunter.
5 „Seht nur, der Nikolaus war da!", ruft Lena und zeigt auf vier gefüllte Stiefel, die draußen vor der Haustür stehen.
„Aber sicher doch, was denkst du denn?", brummt Julius. Auch Nikolas ist nicht besonders beeindruckt. Im Nu haben Lena und Sophie die vier Nikolausstiefel ins Haus geholt! Ein Taschenbuch und eine Tüte ihrer Lieblingslakritze entdeckt Sophie
10 sofort. Doch da steckt noch etwas Knittriges tief unten drin … was ist das bloß? Schnell kippt sie ihren Nikolausstiefel um. Heraus kullern Nüsse, zwei Mandarinen und ein zusammengeknüllter Notizzettel.

Darauf steht in Felix' Krakelschrift:

MITTEN IN DER NACHT ZUM 6. DEZEMBER
MEINE ALLERLIEBSTE SOPHIE! SENSATION, HABE DEN NIKOLAUS GETROFFEN. DER KOMMT GERADE AUS HOLLAND. DORT HEIßT ER ABER GANZ ANDERS: NÄMLICH SINTERKLAAS. SCHON IM NOVEMBER LEGT ER MIT SEINEM DAMPFSCHIFF IM HAFEN AN. MIT IHM GEHEN SEIN HELFER, DER ZWARTE PIET, UND SEIN SCHIMMEL VON BORD. NACHTS REITET ER ÜBER DIE DÄCHER, STECKT SÜßIG-KEITEN UND GESCHENKE IN DIE SCHUHE. WENN DU DIES LIEST, BIN ICH LÄNGST UNTERWEGS. DENN DER NIKOLAUS WEIß, WO DER WEIHNACHTSMANN WOHNT, UND SETZT MICH DORT AB. ICH WERDE BERICHTEN UND BIN NACH DEN WINTERFERIEN ZURÜCK. EILIGE GRÜßE FELIX.:-

Felix ist doch einfach ein Glückspilz, denkt Sophie. Fast ist sie ein bisschen
15 eifersüchtig auf ihren reiselustigen Kuschelhasen. Warum kann sie nicht auch einmal solche spannenden Abenteuer erleben? Bestimmt ist Felix jetzt schon auf großer Fahrt mit dem Nikolaus Richtung Nordpol.

Für Sophie steht fest: Wer auf den Dächern umherreiten kann, der wird auch einem kleinen Hasen den Weg zum Weihnachtsmann zeigen können.

Annette Langen

Wenn es Winter wird

Der See hat eine Haut bekommen,
sodass man fast drauf gehen kann,
und kommt ein großer Fisch geschwommen,
so stößt er mit der Nase an.

5 Und nimmst du einen Kieselstein
und wirfst ihn drauf, so macht es klirr
und titscher – titscher – dirr …
heißa du lustiger Kieselstein!

Er zwitschert wie ein Vögelein
10 und tut grad wie ein Schwälblein fliegen.
Doch endlich bleibt dein Kieselstein
ganz weit, ganz weit auf dem See draußen liegen.

Da kommen die Fische haufenweis
und schaun durch das klare Fenster von Eis
15 und denken, der Stein wär etwas zum Essen.
Doch so sehr sie die Nase ans Eis auch pressen,
das Eis ist zu dick, das Eis ist zu alt,
sie machen sich nur die Nasen kalt.

Aber bald, aber bald
20 werden wir selbst auf eigenen Sohlen
hinausgehen können und den Stein wieder holen.

Christian Morgenstern

Tierweihnacht

Das Eichhorn feiert Weihnachten mit Nüssen,
mit vielen Nüssen, irgendwo im Baum.
Forellen schießen Purzelbaum in Flüssen.
Das Murmeltier träumt einen Sommertraum.

5 Die Krähe krächzt: Recht gute Feiertage!
Die kleinen Spatzen zwitschern: Recht viel Spaß!
Der Uhu macht wie stets die Nacht zum Tage
und fängt die Maus als Weihnachtsabendfraß.

Der Eisbär auf dem Eisberg winkt den Vögeln.
10 Der Braunbär dreht sich wohlig um im Bau.
Die Möwen, die im Winterwinde segeln,
fangen zum Fest sich einen Kabeljau.

Die Unke übt ein freundliches Gemunkel,
der Käfer hockt vergnügt im warmen Mist,
15 und manches Schaf erinnert sich ganz dunkel,
dass dieses Fest der Tag der Hirten ist.

Die schwankenden Kamele in der Wüste
erzählen sich beim Lagern irgendwo,
dass einst ein Kindchen die Kamele grüßte,
20 das auf dem Esel nach Ägypten floh.

Nur Ochs und Esel stehen an den Seiten
der Futterkrippe ganz versunken da.
Sie wissen, was vor langen, langen Zeiten
an der Krippe unterm Stern geschah.

James Krüss

Der Streit um Kaisers Bart

Personen: Stern, Engel, Nebel
Bühnenbild: Schneelandschaft
Eingangsszene: Der Engel stolziert herum und zupft an seinen Flügeln,
der Stern steht und poliert seine Strahlen.

Engel: Ich werde in der Nacht die Botschaft verkünden. Toll, was?

Stern: Was ist daran toll? Ich werde in der Nacht der hellste Stern sein.

Engel: Licht ist nicht so wichtig wie die Botschaft.

Stern: Hach, das glaubst auch nur du. Ohne mich ist es ganz dunkel.

5 Engel: Quatsch, ich bin doch da.

Stern: Mein Licht reicht weiter. Ohne mich wird niemand den Stall finden.

Engel: Ohne mich weiß niemand von dem Stall.

Stern: Für wen ist die Botschaft, he?

Engel: Für die Hirten.

10 Stern: Eben, eine Botschaft für Hirten. Und wo sind die Hirten?

Engel: In der Nacht auf dem Feld.

Stern: Richtig. Und nachts ist es dunkel. Ohne mein Licht werden deine
blöden Hirten den Stall nicht finden.

Engel: Aber meine Botschaft ist wichtig.

15 Stern: Und wer hört sie?

Engel: Na, die Hirten.

Stern: Eben. Nur blöde Hirten.

Engel: Die Hirten werden die Botschaft weitersagen.

Stern: Mein Licht in der Nacht wird Könige herbeilocken.

20 Engel: Willst du sagen, Könige sind wichtiger als Hirten?

Stern: Sie bringen Geschenke mit. Was schenken die Hirten dem Kind?

Engel: Sie sind arm.

Stern: Siehst du, deine Botschaft ist für blöde arme Hirten.

Engel: Das sagst du nicht noch mal. (knufft den Stern in die Seite)

25 Meine Botschaft ist wichtiger als dein Leuchten.

Stern: (knufft zurück) Das Wichtigste ist mein Leuchten.

Engel: (knufft weiter) Wer ist wichtiger?

Stern: (knufft zurück) Na ich! Wer sonst?

Engel: (verbiegt Stern einen Strahl) So! Jetzt wollen wir doch mal sehen,
30   ob du leuchtest!

Stern: (entsetzt) Du hast mir einen Strahl verbogen! (zerrt an einem Flügel
     des Engels) Und was machst du, wenn ich dir jetzt einen Flügel
     ausreiße?

Engel: (in höchster Not) Das darfst du nicht.

35 Stern: Wer sagt das?

Nebel: (kommt und trennt die beiden) Ich. Jetzt ist Schluss, ihr Streithähne!
     (in der Mitte zwischen ihnen) Worum geht es überhaupt?

Engel: Nebel, der Stern sagt …

Stern: Nein, Nebel, der Engel sagt …

40 Nebel: (zeigt auf den Engel) Was sagt Stern?

Engel: Er sei in der Nacht wichtiger als ich.

Nebel: (zeigt auf Stern) Was sagt der Engel?

Stern: Er sei in der Nacht wichtiger als ich.

Nebel: (lacht und lacht) Das ist gut! Das ist wirklich gut! Ihr streitet um
45   des Kaisers Bart. Denn eins kann ich euch sagen.

Engel und Stern: Was?

Nebel: Am allerwichtigsten bin ich in dieser Nacht.

Stern: Wieso?

Engel: Du bist doch überhaupt nicht da.

50 Nebel: Eben. Deshalb bin ich ja so wichtig. Weil ich nicht da bin, können
     die Hirten dich, Engel, sehen. Und weil ich nicht da bin, können
     die Hirten und Könige dich, Stern, sehen.

Elke Müller-Mees

Viele Blätter

Er ist kein Baum, kein Strauch
und hat doch viele Blätter.
Du weißt, wie viel er hat.
Da braucht er keinen Hauch,
5 es fällt bei jedem Wetter,
an jedem Tag ein Blatt.
Ist er zu guter Letzt
entblättert ganz und gar,
dann klingen unsre Gläser:
10 „Prosit Neujahr!"

Josef Guggenmos

Neujahrswünsche in alten Zeiten

Wir wünschen dem Hausherrn einen goldenen Tisch,
an allen vier Ecken einen gebratenen Fisch.

Wir wünschen der Hausfrau einen goldenen Thron,
zum künftigen Jahre einen jungen Sohn.

5 Wir wünschen dem Sohne einen Ziegenbock,
worauf er kann reiten hopp, hopp im Galopp.

Wir wünschen der Tochter einen goldenen Kamm,
zum künftigen Jahr einen Bräutigam.

Wir wünschen der Großmutter eine kupferne Pfann,
10 zum künftigen Jahre einen buckligen Mann.

Wir wünschen euch allen ein fröhlich Neujahr,
dass all eure Sorge zum Schornstein rausfahr.

Volksgut

Wo die Kälte herkommt

Ganz weit oben in Nordgrönland sitzt auf einem Eisberg die Kältehummel.
Sie ist 20.000 Kilo schwer und möchte gern fliegen. Ihre Flügel sind aber
viel zu schwach. Trotzdem lässt sie sie dauernd auf und ab schwirren,
weil sie hofft, es gelinge ihr eines Tages doch noch. Dadurch bewegt sie
5 die eiskalte Luft so stark, dass diese bis zu uns kommt.
Den ganzen Winter lang übt die Kältehummel, bis sie im Frühling
erschöpft einschläft. Zum Glück, denn sonst hätten wir keinen Sommer.
Im Sommer schläft die Kältehummel und träumt, sie könne fliegen.

Ein Schläuling, der nicht gerne fror, schickte ihr einmal ein Paket
10 voll Schlaftabletten, weil er hoffte, sie schlafe dann auch im Winter.
Aber der Briefträger war ein Eisbär, und der war so neugierig,
dass er das Paket aufmachte und alle Tabletten selber schluckte.
Seither wird in Nordgrönland keine Post mehr ausgetragen,
denn der Eisbär schläft noch heute, und weil er der Einzige ist,
15 der weiß, wo die Kältehummel wohnt, kann niemand sagen,
wie es ihr jetzt geht, aber so lang es jedes Jahr Winter wird,
können wir annehmen, dass sie noch lebt.

Franz Hohler

Der kleine Zauberer und die Schneeflocken

Im Herbst, als die Bäume ihre bunten Blätter an den Wind verschenkten, zauberte sich der kleine Zauberer ein Haus. Hoch oben auf dem Berg stand das Haus, ganz nahe am Himmel.

Und in manchen Nächten setzte sich der Mond aufs Dach und ruhte
5 ein wenig aus.

Die Tage vergingen und die Wochen, und der kleine Zauberer war immer allein.

Und als der Winter kam und die große Stille, fing er an, sich sehr einsam zu fühlen.

10 Aber eines Tages begann es zu schneien. Da setzte der kleine Zauberer seine Bommelmütze auf, öffnete das Fenster und schaute den Schneeflocken zu.

„Kommt herein", rief er, „ihr sollt meine Gäste sein!"

Aber die Schneeflocken flüsterten:

15 „Das geht nicht. Wenn wir in die warme Stube kommen, schmelzen wir."

Der kleine Zauberer dachte ein bisschen nach, dann hob er seinen Zauberstab und verwandelte die Schneeflocken in flauschige, weiße Kaninchen. Zuerst nur ein paar, aber weil es ihm so viel Spaß machte, zauberte er immer weiter.

Die Kaninchen purzelten zum Fenster herein und bald war das ganze Haus
20 voll von ihnen. Auf den Stühlen saßen sie, auf der Bank, rund um den Ofen,
auf dem Tisch und in allen Ecken. Im Wassereimer hockte ein Kaninchen,
zwei auf dem Sessel, eines im Kochtopf, und als der kleine Zauberer schlafen
wollte, lagen fünf Kaninchen im Bett. Da setzte sich der kleine Zauberer
auf den Fußboden und war traurig. Die Kaninchen aber aßen sein Brot,
25 knabberten alle Äpfel an, polterten im Küchenschrank herum, packten sich
bei den Pfoten und tanzten über Teller und Tassen. Und wenn der kleine
Zauberer mit ihnen schimpfte, lachten sie ihn aus.
„Es ist mein Haus!", rief der kleine Zauberer.
Aber die Kaninchen legten die Löffel an und stellten sich taub.
30 Da wurde es dem kleinen Zauberer zu dumm.
„Hokuspokus Simsalabim", sagte er, und er verwandelte die Kaninchen
in weiße Rosen. Und die Rosen stellte er in seine Blumenvase und freute sich
daran. Den ganzen Winter hindurch haben sie geblüht. Aber als der Frühling
kam, sind sie über Nacht verschwunden. Und das ist ja auch kein Wunder,
35 wenn man bedenkt, dass die Rosen eigentlich Schneeflocken waren.

Gina Ruck-Pauquèt

Die Basler Fasnacht

Ganz im Südwesten grenzt an Deutschland
die Schweiz. In der Schweiz feiert man heute
noch die „alte Fastnacht". Durch bunte Kostüme
und laute Musik soll der Winter vertrieben werden,
5 um dem Frühling endlich Platz zu machen.
Die Schweizer nennen dieses Fest *Fasnacht*.
In der Schweiz gibt es eine Stadt, die heißt Basel.
Die **Basler Fasnacht** ist die größte Fastnacht der Schweiz.
Sie beginnt am Montag nach Aschermittwoch um 4:00 Uhr
10 mit dem Morgenstreich. Sie dauert exakt 72 Stunden
und endet am Donnerstagmorgen um 4:00 Uhr mit
dem Endstreich.

Beim „Morgenstreich" ziehen vermummte Gestalten
mit Piccoloflöte und Trommeln in wiegendem Gang
15 durch die Straßen.

Viele Kinder und Erwachsene verkleiden sich
an diesem Tag als Waggis. **Waggis** ist eine Verkleidung
aus alter Zeit, die an einen großen Clown erinnert.
Manchmal sieht diese Verkleidung sehr gruselig aus.
20 Das Besondere der Kostüme ist, dass die Gesichter und
der ganze Körper verdeckt werden. Die Person,
die das Kostüm trägt, ist nicht zu erkennen.

Am Dienstag kann man auf dem Marktplatz
schräge Blasmusik hören. Die Musiker spielen
25 gekonnt knapp neben der Melodie. Dadurch klingt
die Musik schräg und wild. Man kann sehr gut zu dieser Musik tanzen,
da sie sehr rhythmisch ist. Diese Musik nennt man **Guggenmusik**.
Viele Zuschauer kommen, um die Konzerte der Guggenmusiker zu hören.

Am Donnerstagmorgen um 4:00 Uhr in der Früh endet die Basler Fasnacht
30 und vielleicht auch der Winter.

Die Reise ins Karnevalsland

Dieses Spiel wird ähnlich gespielt, wie die
Reise nach Jerusalem: Zu Beginn werden so
viele Sitzmatten aneinandergelegt, dass alle
Mitspieler bequem darauf Platz haben.

5 Die Kinder laufen zur Musik um die Matten.
Bei Musikstopp müssen sich alle auf die Matten setzen.

Nach jeder Runde wird eine Matte weggezogen.
Es muss kein Kind ausscheiden. Aber in der nächsten
Runde müssen mehr Kinder auf weniger Matten Platz finden.

10 Der Platz wird von Runde zu Runde kleiner.
Die Spieler müssen sich gegenseitig festhalten, damit alle
auf den Matten sitzen können. Nur als Team kann
die Reise ins Karnevalsland gelingen.

Es bleibt spannend, auf wie wenigen Matten alle Mitspieler
15 Platz finden. Wenn ein Kind nicht mehr auf die Matten
passt, ist für die ganze Gruppe das Spiel vorbei.

Vor jeder neuen Runde kann der Ansager bestimmen,
wie die Spieler die Reise ins Karnevalsland fortsetzen,
z. B.: In der nächsten Runde reist ihr als Tiger (oder
20 Zauberer, Vampire …) um die Matten herum.

Tipp: Ihr könnt die Reise auch mit Stühlen anstelle
von Matten spielen. Aber achtet darauf, dass die Stühle
stabil sind und nicht umkippen. Stützt und sichert euch
gegenseitig, damit niemand verletzt wird.

Der Frühlingsschrei

Und dann brach der Frühling wie ein Jubelschrei über die Wälder um die Mattisburg herein. Der Schnee schmolz. In Strömen rann er von allen Bergwänden herab und suchte sich den Weg zum Fluss. Und der Fluss brauste und schäumte mit allen seinen Strudeln und Wirbeln und sang ein wildes
5 Frühlingslied, das nie verstummte. Ronja hörte es in jeder wachen Stunde und selbst noch in den nächtlichen Träumen. Der lange, schreckliche Winter war vorüber. Die Wolfsklamm war schon seit langem schneefrei. Dort floss jetzt ein rauschender Bach, und sein Wasser spritzte um die Pferdehufe, als Mattis und seine Räuber eines Morgens im Frühling durch den engen Pass ritten. Sie
10 sangen und pfiffen, während sie ritten, hoho, jetzt begann endlich wieder das herrliche Räuberleben!
Und endlich konnte auch Ronja wieder in ihren Wald, nach dem sie sich so gesehnt hatte. Schon längst hätte sie da sein und sehen wollen, was in ihrem Wald geschehen war, seit der Schnee geschmolzen und alles Eis getaut war.
15 Aber Mattis war unerbittlich gewesen, er hatte sie nicht aus der Burg gelassen. Der Vorfrühlingswald sei voller Gefahren, behauptete er.
Und erst als es für ihn selber an der Zeit war, mit seinen Räubern auszuziehen, ließ er auch sie hinaus.
„Dann lauf", sagte er.
20 „Aber dass du mir nicht in einem tückischen Tümpel ersäufst!"
„Doch, das werd ich tun", sagte Ronja.
„Damit du endlich was zum Zetern hast."
Mattis sah sie betrübt an.
„Ach, Ronjakind", sagte er mit einem Seufzer.
25 Und dann schwang er sich in den Sattel und preschte an der Spitze seiner Räuber die Hänge hinab und verschwand.
Kaum hatte Ronja den letzten Pferdehintern in der Wolfsklamm verschwinden sehen, stürmte sie hinterher. Auch sie sang und pfiff, als sie durch das kalte Wasser des Bachs watete. Und dann lief sie, lief und lief
30 bis zum Weiher.

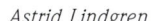

Und dort war Birk. Wie er es versprochen hatte. Er lag ausgestreckt auf einer Felsplatte in der Sonne. Ronja wusste nicht, ob er schlief oder wach war, sie nahm einen Stein und warf ihn ins Wasser, um festzustellen, ob er das Plumpsen hörte. Er hörte es, und er sprang auf und kam ihr entgegen.

35 „Ich warte schon lange", sagte er, und wieder spürte sie, wie die Freude in ihr aufflammte, die Freude darüber, dass sie einen Bruder hatte, der sie erwartete. Und hier war sie nun und hatte sich kopfüber in den Frühling gestürzt. So herrlich war er um sie herum, ja, auch sie selber war ganz erfüllt von seiner Herrlichkeit, und sie schrie wie ein Vogel, laut und gellend, bis sie es Birk erklären musste.

40 „Ich muss einen Frühlingsschrei schreien, sonst zerspringe ich. Hör doch! Du hörst doch wohl den Frühling!"

Eine Weile standen sie schweigend da und lauschten dem Zwitschern und Rauschen, dem Brausen und Singen und Plätschern im Wald. Alle Bäume und alle Wasser und alle grünen Büsche waren voller Leben, von überall her

45 erscholl das starke, wilde Lied des Frühlings.

„Hier stehe ich und spüre, wie der Winter aus mir herausrinnt", sagte Ronja. „Bald bin ich so leicht, dass ich fliegen kann."

Astrid Lindgren

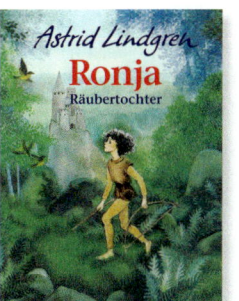

Mehr über Ronja erfährst du in „Ronja Räubertochter" von Astrid Lindgren.

Frühling

Was rauschet, was rieselt, was rinnet so schnell?
Was blitzt in der Sonne? Was schimmert so hell?
Und als ich so fragte, da murmelt der Bach:
„Der Frühling, der Frühling, der Frühling ist wach!"

5 Was knospet, was keimet, was duftet so lind?
Was grünet so fröhlich? Was flüstert im Wind?
Und als ich so fragte, da rauscht es im Hain:
„Der Frühling, der Frühling, der Frühling zieht ein!"

Was klingelt, was klaget, was flötet so klar?
10 Was jauchzet, was jubelt so wunderbar?
Und als ich so fragte, die Nachtigall schlug:
„Der Frühling, der Frühling!" – da wusst ich genug!

Heinrich Seidel

Zehn Ostereier

10 Ostereier!
Der Onkel rief: „Wie fein!"
Er nahm sich eins und aß es auf,
da waren's nur noch neun.

9 Ostereier
Hat Oma hergebracht.
Sie naschte eines davon weg,
da waren's nur noch acht.

8 Ostereier,
mit Salz eins eingerieben.
Der Franz verschnabulierte es,
da waren's nur noch sieben.

7 Ostereier,
die roch 'ne kleine Hexe,
Susanne zauberte eins fort,
da waren's nur noch sechse.

6 Ostereier
erspähte Fritz, der Pimpf.
Er stopfte eines in den Mund,
da waren's nur noch fünf.

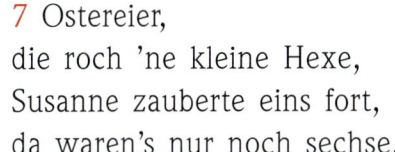

5 Ostereier!
„Das rote nehm ich mir",
sprach Vater und verspeiste eins,
da waren's nur noch vier.

4 Ostereier!
Klein Inge lief vorbei.
Ein Schnapp, ein Biss, ein Schluck,
ein Schleck, da waren's nur noch drei.

3 Ostereier,
die waren jetzt noch frei.
Die Tante nahm sich eines weg,
da waren's nur noch zwei.

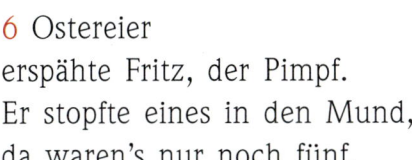

2 Ostereier!
Eins war ein gelbes, kleines.
Die Mutter schob es in den Mund,
da war es nur noch eines.

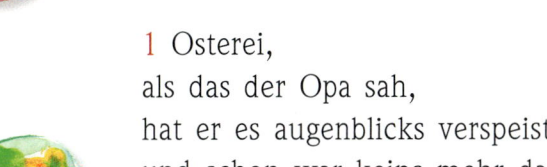

1 Osterei,
als das der Opa sah,
hat er es augenblicks verspeist
und schon war keins mehr da.

Der Osterhase kam vorbei,
hat's leere Nest gesehn.
Er legte Ei, Ei, Ei, Ei, Ei,
Ei, Ei, Ei, Ei, Ei: Zehn!

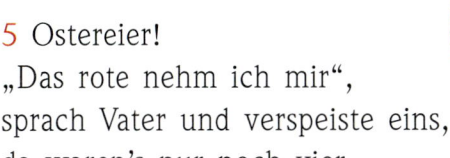
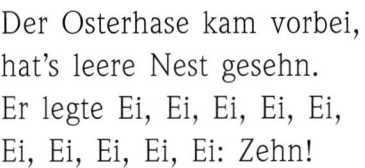

Alfons Schweiggert

Flunkerfranz

Es war einmal ein Hase, der die tollsten Geschichten erfand.
Und immer, wenn jemand etwas erzählte, dann wusste er eine
Geschichte, die noch ungewöhnlicher und noch aufregender war.
Dabei log er das Blaue vom Himmel herunter.
5 Er log, dass sich einem Schwein der Pelz sträubte und dass sich
jedem Huhn die Hörner bogen. Man konnte Flunkerfranz schon
von weitem erkennen, weil sein mittleres Ohr etwas länger war
als das rechte und das linke. Auch wenn er davonlief, war er nicht
zu verwechseln: Er hatte einen hübschen braun-weiß karierten
10 Stummelschwanz.
Franz züchtete in seinem Garten Möhren. Die waren so groß,
dass er sie mit einem Bagger herausziehen musste. Und das
spätestens im April! Sonst wuchsen sie nämlich so tief in die Erde hinein,
dass sie auf der anderen Seite der Welt wie Bergspitzen herausbrachen.
15 Aus den Kartoffeln, die an seinen Apfelbäumen wuchsen,
bereitete er köstliches Birnenkompott.
Und wenn er auf seiner silbernen Holzflöte spielte, dann fielen
vor Schreck die Fische von den Bäumen und die Vögel von den
Radieschensträuchern.
20 Ich habe ihn Ostern besucht, da legte er gerade viereckige Ostereier.
Siebenhundert Stück. Es war genau die Menge, die in den Kofferraum
des gelben Hubschraubers passte, mit dem er geräuschlos zum
Eierverstecken flog. Er legte die Eier in die Nester, die die Vögel
freundlicherweise für ihn in Bäumen und Büschen gebaut hatten.
25 Wenn ich es nicht mit eigenen Ohren gesehen hätte, wirklich,
ich würde es nicht glauben!
Außerdem kann ich einfach nicht verstehen, wie einer so schwindeln
kann wie der Flunkerfranz.
Könnt ihr das?
30 Ich könnte das nie!

Ursel Scheffler

Alle Vögel sind schon da...

Muttertag

Von allen Müttern auf der Welt
ist keine, die mir so gefällt
wie meine Mutter, wenn sie lacht
und wenn sie mir die Tür aufmacht.
5 Auch wenn sie aus dem Fenster winkt
und mit mir rodelt, mit mir singt,
wenn sie auf meinem Bettrand sitzt,
solang es donnert oder blitzt,
und wenn sie sich mit mir versöhnt,
10 bei einer Krankheit mich verwöhnt –
ja was sie überhaupt auch tut,
ich mag sie immer, bin ihr gut,
und hin und wieder wundert's mich,
dass wir uns fanden, sie und ich.

Rosemarie Neie

Ich bin der Juli

Grüß Gott! Erlaubt mir, dass ich sitze.
Ich bin der Juli, spürt ihr die Hitze?

Kaum weiß ich, was ich noch schaffen soll,
die Ähren sind zum Bersten voll;

5 reif sind die Beeren, die blauen und roten,
saftig sind Möhren und Bohnen und Schoten.

So habe ich heut wenig zu tun,
darf nun ein bisschen im Schatten ruhn.

Duftender Lindenbaum
10 rausche den Sommertraum!

Seht ihr die Wolke? Fühlt ihr die Schwüle?
Bald bringt Gewitter Regen und Kühle.

Paula Dehmel

Kindersommer

Den Sommer hörst du früh am Morgen:
der Vögel Zwitschern und Gesang.
Sie jubilieren ohne Sorgen
den ganzen Sommermorgen lang.

5 Den Sommer spürst du an den Zehen
im heißen Sand am Meeresstrand.
Du musst am Wellensaume gehen,
doch hüte dich vor Sonnenbrand.

Den Sommer schmeckst du stets am besten
10 mit Himbeereis und kühlem Trank,
die Wangen sind verschmiert mit Resten,
döst du im Schatten auf der Bank.

Den Sommer riechst du gegen Abend,
wenn sanfter Hauch im Garten weht,
15 am süßen Duft der Blüten labend,
die Hummel ihre Runden dreht.

Den Sommer siehst du nah und ferne,
im reifen Korn den roten Mohn.
Das Himmelsblau durchziehen gerne
20 die weißen Wolken mittags schon.

Mit Duft und Schall, mit Süßigkeiten
so kommt der Sommer dir daher,
mit Wärme und mit Urlaubszeiten:
Darum gefällt er dir so sehr!

Katharina Berg

Wir feiern ein Gewitterfest

Tara ist acht Jahre alt und wohnt mit ihren Eltern und ihren beiden Brüdern
Maus und Petja im Möwenweg. Sie erzählt von einer aufregenden Gewitternacht.

Leider musste ich an dem Abend ganz normal um neun Uhr ins Bett. Obwohl
doch Ferien waren. Darum habe ich geschlafen, als das Gewitter angefangen hat,
5 und habe gar nichts davon gemerkt. Aber plötzlich hat es ein fürchterliches
Krachen gegeben. Mein Fenster ist so laut zugeschlagen, dass ich davon
aufgewacht bin. Ich bin ganz schnell nach unten geflitzt. Im Wohnzimmer war
noch Licht und Mama und Papa haben Fernsehen geguckt.
„Ach du je, Tara, hat das Gewitter dich aufgeweckt?", hat Mama gefragt.
10 „Du hast doch keine Angst?"
Die Frage war aber natürlich nicht ernst gemeint. Mama weiß ja, dass ich ein
Gewitter-Fan bin. Darum hat sie mir auch erlaubt, dass ich das Licht im
Wohnzimmer ausschalte, und dann haben wir uns alle drei ans Fenster gestellt
und nach draußen geguckt. Das habe ich so gemütlich gefunden.
15 Ich finde die Blitze so aufregend und den Donner. Man stelle sich vor, dass die
Natur das alles alleine macht! Das ist doch ganz unglaublich. Ich habe auch
gewusst, dass das Gewitter gerade ganz dicht bei uns war, weil der Donner
immer fast gleichzeitig mit dem Blitz gekommen ist. Man muss zählen, wie lange
es zwischen einem Blitz und seinem Donner dauert, dann kann man ausrechnen,
20 wie weit das Gewitter weg ist. Aber jetzt war das Gewitter genau über uns.
Da mussten wir nicht rechnen. Wir haben einen Blitzableiter, also ist es nicht
gefährlich, sagt Papa. Auch wenn es ganz furchtbar laut donnert. Wenn man sich
bei Gewitter vernünftig verhält, ist es überhaupt nicht gefährlich.
Wir hatten gerade alle drei „Aaah!" gerufen, weil ein heller langer Blitz
25 den ganzen Weg vom Himmel bis zu den Bausandbergen heruntergezuckt war,
da ist Maus ins Wohnzimmer gekommen.
„Das soll nicht so laut sein!", hat er ganz müde gesagt. „Da kann ich nicht
schlafen!"
Da hat Mama Maus auf den Arm genommen und er durfte mit uns rausgucken.
30 „Lass mich runter!", hat Maus plötzlich gebrüllt. „Tinky-Winky ist noch draußen!"
Mama hatte nämlich gesagt, dass Maus das Glas mit Tinky-Winky über Nacht
auf der Terrasse lassen sollte. Für eine Schnecke ist es besser, wenn sie

an der frischen Luft sein darf, hat Mama gesagt. Auch wenn sie in einem
Marmeladenglas wohnt.

35 „Die hat aber Angst vor Gedonner!", hat Maus geschrien. „Tinky-Winky!"
Und er wollte nach draußen flitzen und sein Käfig-Glas holen.
Aber Papa hat gesagt, nun soll Maus mal vernünftig sein. Nach einer Weile hat
Mama gesagt, jetzt ist das Gewitter weit genug weg, jetzt dürfen wir auf die
Terrasse und die Schnecke ins Haus holen.

40 Und gerade als ich gedacht habe, wie schade es ist, dass ich jetzt nicht
mit meiner Freundin Tieneke im Regen hüpfen kann, hat jemand
im Dunkeln nach mir gerufen.
„Tara! Hallo!", hat Tieneke gerufen. „Guckst du auch Gewitter?"
Und da stand Tieneke doch tatsächlich mit ihren Eltern in der Terrassentür

45 und hat das Gewitter angeguckt.
Dann sind oben auf dem Balkon plötzlich Fritzi und Jul aufgetaucht.
Sie haben ganz doll gewunken, und dann haben sie gerufen, dass sie
das Gewitter von ihrem Zimmerfenster angeguckt hatten.
„Darfst du im Regen hüpfen, Tieneke?", hab ich zu Tieneke rübergerufen.

50 Aber Tieneke hat zurückgerufen, dass sie nicht darf. Fritzi und Jul hatten
uns natürlich gehört, und sie haben gerufen, dass sie auch nicht rausdürfen.
Da ist bei Voisins im Wohnzimmer das Licht angegangen.
„Aber ich lade euch alle ein!", hat Michael da von oben vom Balkon
runtergeflüstert. „Zu einem Mitternachts-Gewitter-Drink!"

55 Als wir bei Fritzi und Jul angekommen sind, haben sie schon mit Tieneke in der
Küche gestanden. Für die Erwachsenen gab es im Wohnzimmer Bier und Selter,
aber für die Kinder hatte Michael aus dem Keller Apfelsaft und O-Saft und
Kirschsaft geholt. Daraus durften wir uns selber Cocktails mixen. Einen richtigen
Mixer gab es nicht, es ging aber auch ganz gut in einer Tupper-Schüssel.

60 Mit Deckel.
„Ich hoffe, es stört niemanden, dass nichts vorbereitet ist!", hat Michael gesagt.
„Aber ich konnte ja nicht ahnen, dass wir hier heute Nacht noch feiern würden!"
Ich finde es aber viel schöner, wenn nichts vorbereitet ist. So ganz lange haben
wir nicht gefeiert. Aber ich finde trotzdem, dass es eine schöne Party war.

65 Wenn ich erwachsen bin, feiere ich bei Gewitter immer eine Mitternachtsparty.
Tieneke hat gesagt, das tut sie auch.

Kirsten Boie

Rondell

Der Sommer ist da
Der Sommer ist da.
Die Sonne scheint warm.
Rote Kirschen hängen am Baum.
Der Sommer ist da.
Auf der Wiese wachsen bunte Blumen.
Schmetterlinge fliegen durch die Luft.
Der Sommer ist da.
Kinder sitzen im Schatten und essen Eis.

Sommerregen
Regenwolken ziehen über das Land.
Das Freibad bleibt heute geschlossen.
Auf dem Spielplatz glänzt die nasse Rutsche.
Regenwolken ziehen über das Land.
Kinder hüpfen lachend durch Pfützen.
Dicke Regentropfen klatschen auf den Boden.
Regenwolken ziehen über das Land.
Wiesen und Wälder dampfen und duften.

Avenidas

Sommer
Sommer und Hitze

Hitze
Hitze und Badespaß

Sommer
Sommer und Badespaß

Sommer und Badespaß und Sonnenbaden und
eine Sonnencreme

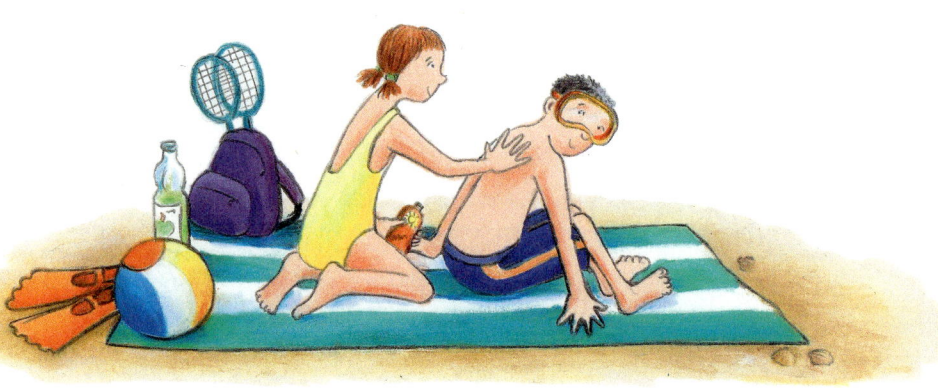

Elfchen

Meeresleuchten
Meeresleuchten
Warmes Meer
Wellen rollen heran
Leuchtendes Funkeln im Wasser
Farbenspiel

Monika Wilhelmi-Zäh

Viel los bei uns in Ammerlo

„Da kommt gerade ein ganz großes Schiff in den Hafen!", rief Lukas aufgeregt.

„Es kommen dauernd große Schiffe in den Hafen", sagte Luisa.

„Dazu ist der Hafen da, Lukas Tessin."

Es lag jetzt genau neben der Terrasse des Cafés und hatte dunkelrote Segel.

5 Es sah nach einem Abenteuer aus. Immerhin war es mitten im Sommer,

und es wurde höchste Zeit für ein Abenteuer.

Nach einer Weile ging die Mannschaft des Schiffes von Bord.

Luisa sah sich verstohlen um und zischte:

„Jetzt!"

10 „Jetzt–was?", fragte Lukas.

„Jetzt", sagte Luisa entschlossen, „sehen wir uns das Schiff an."

„Du meinst, wir gehen einfach so an Bord?"

„Sicher."

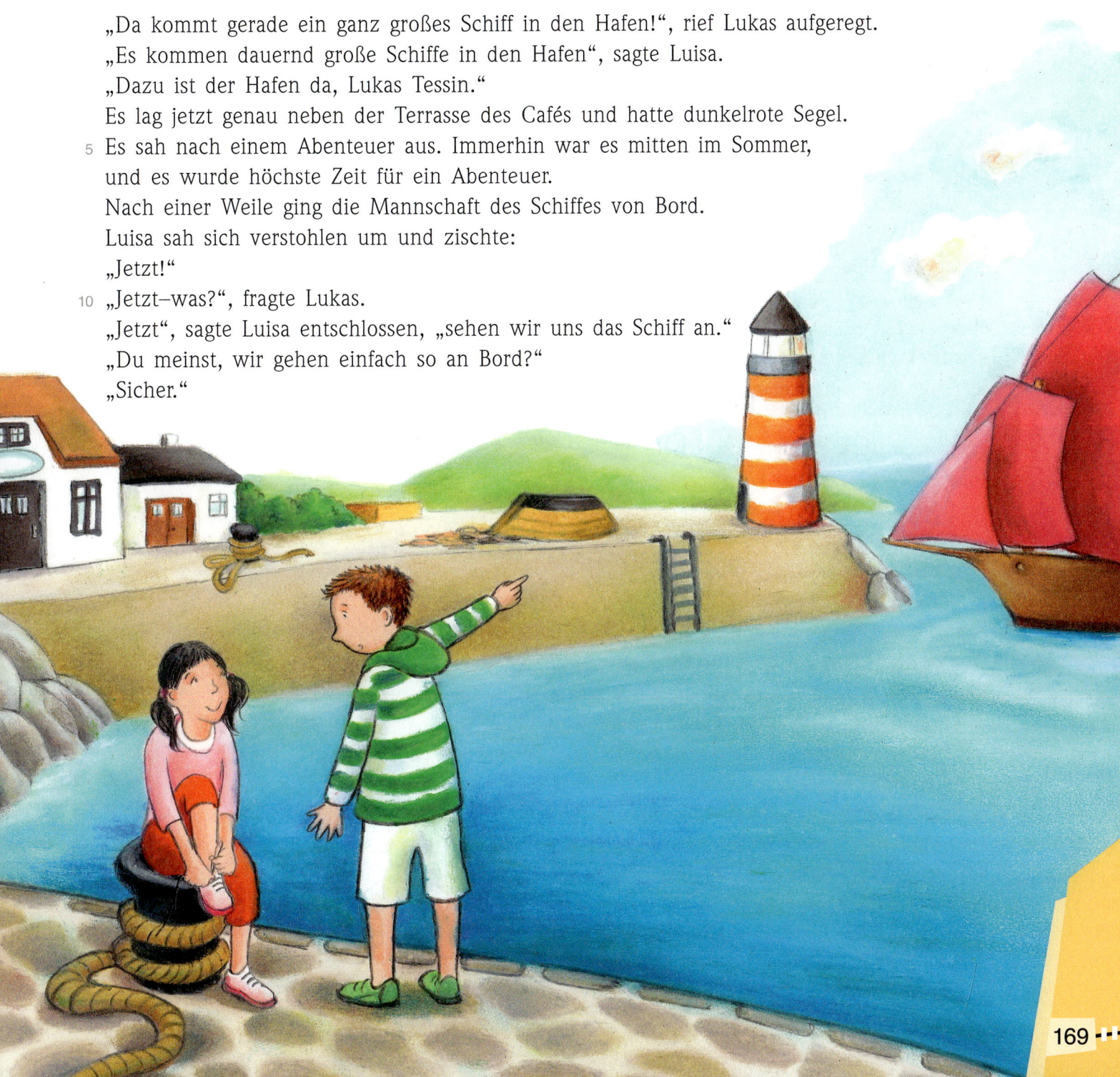

„Und wenn uns jemand erwischt?"

15 Lukas trat unbehaglich von einem Bein aufs andere.

„Du musst ja nicht mitkommen", sagte Luisa und setzte einen Fuß auf die Reling.

Lukas zog den Kopf ein und kletterte hinter Luisa an Bord des großen Schiffes.

Er hatte kein gutes Gefühl dabei.

„Psst!", zischte Luisa. „Da vorne ist eine Luke, da geht es unter Deck!"

20 Lukas kletterte hinter ihr die steilen, hölzernen Stufen hinunter. Es war mehr

eine Hühnerleiter als eine Treppe, und unten war es sehr dunkel.

„Nun", sagte Luisa düster „sind wir im Bauch des Schiffes. Hu-huuh!"

„Gibt's hier kein Licht?", fragte Lukas.

„Wenn wir Licht machen, merken sie doch, dass wir hier sind!"

25 „Aber es ist doch keiner mehr an Bord!"

„Man weiß nie", sagte Luisa und schlich weiter voran.

Es gab einen schmalen Gang unter Deck, und an den Wänden konnte Luisa

die Griffe von Türen ertasten. Sie öffnete eine der Türen, die nur angelehnt war,

und betrat einen Raum, der genauso dunkel war wie der Gang.

30 Hinter sich hörte sie Lukas hektisch atmen.

Plöng machte es hinter Lukas.

Luisa fuhr herum. „Was war das?"

„Bloß die Tür", sagte Lukas. „Sie muss hinter mir zugefallen sein."

„Probier mal, ob sie aufgeht", wisperte Luisa.

35 Sie hörte Lukas eine Weile im Dunkeln herumfuhrwerken.

„Nein", flüsterte er endlich.

„Das ist aber ganz schön schlecht", sagte sie dann.

„Kann man nicht mal fünf Minuten mit dir

auf einem Schiff sein, ohne dass du einen einschließt?"

40 „Ich hab uns überhaupt nicht eingeschlossen!", protestierte Lukas.

„Die Tür hat uns eingeschlossen!"

Da bewegte sich etwas links von Luisa in der Dunkelheit.

Ganz eindeutig atmete da jemand. Jemand außer ihr und Lukas.

„Also, ich suche jetzt einen Lichtschalter", sagte Lukas.

45 „Hier muss doch irgendwo …"

„Nein", sagte es aus der Dunkelheit, „das wirst du nicht tun."

Luisa und Lukas gefroren vor Schreck beinahe zu Eis am Stiel.

„W-w-wer ist da?", fragte Luisa.

„Ich", sagte es neben ihr.

50 „Und wer bist du?"

„Das tut nichts zur Sache. Aber ich warne euch. Kein Licht!"

„Mögen die Leute von der Besatzung hier alle kein Licht?", fragte Lukas leise.

„Ich bin nicht von der Besatzung und ich glaube", sagte die Stimme und senkte
sich zu einem gefährlichen Zischen, „es wird Zeit, dass ihr verschwindet. Und

55 wenn ihr auch nur einem Menschen erzählt, dass ihr mich getroffen habt,
dann wird etwas Schreckliches mit euch passieren."

Luisa schluckte. „Wir können aber gar nicht verschwinden", sagte sie.

„Die Tür zum Gang ist zugefallen."

„Einen Raum weiter gibt es ein Bullauge", flüsterte es.

60 „Da könnt ihr rausklettern. Los, haut endlich ab!"

Luisa tastete um sich, wobei sie Angst hatte, dem Besitzer der Stimme
in die Quere zu kommen, und fand noch eine schmale Tür.

Als sie sie öffnete, fiel ein schmaler Streifen Licht vor ihr auf den Boden.

„Dreht euch ja nicht um", fauchte es aus der Dunkelheit hinter ihnen.

65 Aber Luisa hatte nicht vor, sich umzudrehen. Sie war bereits bei dem
runden Fenster, durch dessen verschmiertes Glas das Licht drang.

Wenige Sekunden später hatte sie es geschafft, den Riegel zu lösen,
und stieß das Fenster auf. Ohne weiter nachzudenken, zog sie sich hinauf,
kletterte eilig hindurch und sprang auf der anderen Seite hinunter.

70 Sie landete im Hafenwasser. Das Bullauge hatte direkt ins Freie geführt.

Luisa hatte gerade noch Zeit, ein wenig zur Seite zu schwimmen,
sonst wäre Lukas ihr auf den Kopf geplumpst.

„Du bist ziemlich blass um die Nase", stellte Luisa fest und fing an,
um das Schiff herumzuschwimmen, in Richtung Ufer.

75 „Ich habe gerade mit einem afrikanischen Geist geredet!", sagte Lukas
und schwamm ihr nach.

„I wo, Geist", sagte Luisa und schüttelte sich das nasse Haar
aus dem Gesicht. Aber ganz so sicher war sie sich auch nicht,
was eigentlich eben im Bauch des fremden Schiffes geschehen war.

Antonia Michaelis

**Was Luisa und Lukas noch alles
in ihren Ferien erleben, erfährst du
in „Viel los bei uns in Ammerlo"
von Antonia Michaelis.**

Die Lesebuch-Reise mit Tipps und Tricks

1. Ein Lesetagebuch führen

Beim Lesen eines Buches stellst du dir die Helden auf eine
ganz bestimmte Weise vor. In deinem Kopf entsteht ein kleiner Film,
in dem du genau siehst, was alles passiert. Findest du eine Buchstelle
besonders lustig, wichtig oder spannend, dann denkst du auch
mehr darüber nach. Diese Bilder und Gedanken sind bei jedem
unterschiedlich. Deine Klassenkameraden haben ganz andere Bilder
von der Geschichte im Kopf, obwohl sie das gleiche Buch lesen.
Diese Bilder sind wertvoll und gehören ganz allein dir.
In einem Lesetagebuch kannst du alles aufschreiben und aufmalen,
was dir beim Lesen des Buches einfällt und wichtig erscheint.
Du kannst die Geschichte an manchen Stellen verändern oder
ausschmücken. Oder du hilfst deinem Helden bei seinen Abenteuern.
Wichtig ist, dass du das Datum aufschreibst und das Kapitel, das du
gerade gelesen hast.
Das alles erinnert dich sicher an ein richtiges Tagebuch, oder?

Schicke einen Brief oder eine Postkarte an die Hauptfigur.

Gestalte ein Werbeplakat.

Schreibe einen Zeitungsartikel über ein Ereignis im Buch.

Bastel ein Plakat (z. B. über Pferde).

Über was könnten sich zwei Figuren der Geschichte unterhalten? Schreibe auf.

Was ist wichtig und muss aufgeschrieben werden?

Such dir eine Figur der Geschichte aus. Nun erlebst du alle Abenteuer! Schreibe sie auf.

Was findest du besonders lustig?

Schreibe einen Brief an die Autorin/ den Autor.

Zeichne ein neues Titelblatt.

Was findest du besonders traurig?

26. November
Kapitel 2
„Frühstück für ein Ungeheuer"

Ihr glaubt nicht, was mir
heute passiert ist.
Ich war so durcheinander und bin
einfach losgelaufen.
Plötzlich stand ich vor einem Haus.
Durch die Glasscheibe habe ich einen
Jungen gesehen. Der sah sehr nett aus.
Aber in seinem Wohnzimmer wollte er
mich nicht haben. Jetzt stehe ich in
der Garage seines Vaters.
Zumindest hat er das so gesagt.
Und ich habe schreckliche Angst …

27. November
Kapitel 3
„Milchmann soll unsichtbar werden"

Lieber Herman!

Mein Name ist Malte Taler und ich
lese gerade die Geschichte über dich
und das Pferd Milchmann.
Bist du dir wirklich sicher, dass das
Pferd Milchmann heißt? Das passt
doch eigentlich besser zu einer Kuh.
Ich habe auch überlegt, was MM
bedeuten könnte.
Aber mir fiel nur meckernde Mama
ein und das passt wirklich überhaupt
nicht!
Hoffentlich findest du einen Stall für
Milchmann.

Bis bald
Dein Malte

2. Erwartungen an den Text anhand der Überschrift formulieren

Was denkst du?

Wenn du das erste Mal ein Buch in der Hand hältst oder
die Überschrift einer Geschichte liest, dann gehen dir sicher
viele Ideen dazu durch den Kopf. Schreibe deine Ideen zur Überschrift auf.

Kommissar Spaghetti und
das Schwein im Lehrerzimmer

Die Geschichte scheint sehr spannend zu sein,
denn ein Kommissar spielt mit. Vielleicht heißt
der Kommissar „Spaghetti".
Ein Schwein lebt aber eigentlich auf dem
Bauernhof. Was macht es also in der Schule?
Und wie kommt das Schwein dorthin?

3. Texte markieren

Manchmal gibt es Textstellen, die ganz besonders wichtig sind
und deshalb markiert werden sollen.
Vielleicht fallen dir auch bestimmte Wörter oder Sätze auf,
die du nicht verstehst.

Damit du nicht in das Lesebuch malst, nimmst du einfach eine Folie
und heftest sie mit einer Büroklammer an die entsprechende Seite.
Dann kannst du mit einem Folienstift und einem Lineal alles
unterstreichen und markieren, was dir wichtig ist.

Tipp:
Verwende für unbekannte Wörter die Farbe Rot.
Dann weißt du genau, welche Wörter du noch nachschlagen musst.
Für alle wichtigen Textstellen benutzt du die Farbe Blau.

Weltweit leben in Mumbai oder anderen Städten über
20 Millionen obdachlose Menschen.
Sie haben kein Zuhause. Dafür gibt es viele Gründe.
Wegen Krieg und Gewalt flüchten viele Menschen oder
werden aus ihrer Heimat vertrieben.
So verlieren sie ihre Häuser. Wenn sie Arbeit suchen,
wandern Menschen meistens vom Land in die Städte ab.
Dann sind die Städte überbevölkert und das Wohnen
ist dort oft zu teuer.
Ohne Arbeit können sich die Menschen keine Wohnungen leisten.
Auch können Menschen durch Naturkatastrophen, wie Dürren,
Überschwemmungen und Vulkanausbrüche, ihre Häuser verlieren
und werden dann obdachlos.

4. Den Text in Abschnitte einteilen

Bei einem langen Text musst du viel lesen und verstehen.
Wenn du den Text in sinnvolle Abschnitte einteilst, wird er verständlicher.

Wie leben die Wikinger?
Die Wikinger siedeln auf dem flachen Land. Je nach Region leben die Familien einzeln oder schließen sich zu kleinen Dorfgemeinschaften zusammen. Jede Familie bewohnt ein Gehöft, das man „boer" nennt. Es umfasst mehrere Gebäude: das Wohnhaus, den Schaf- und Kuhstall, die Scheune, die Schmiede und die Kornkammer. Die einzelnen Bauten sind durch schmale Stein- oder Holzwege verbunden. Vor dem Wohnhaus befindet sich ein abgezäuntes Stück Weide. Oft umgibt ein Erd- oder Steinmäuerchen den gesamten Besitz. An diesem Ort spielt sich das alltägliche Leben der Wikinger ab.

Die Wikinger siedeln auf dem flachen Land. Je nach Region leben die Familien einzeln oder schließen sich zu kleinen Dorfgemeinschaften zusammen.

Jede Familie bewohnt ein Gehöft, das man „boer" nennt. Es umfasst mehrere Gebäude: das Wohnhaus, den Schaf- und Kuhstall, die Scheune, die Schmiede und die Kornkammer.

Die einzelnen Bauten sind durch schmale Stein- oder Holzwege verbunden. Vor dem Wohnhaus befindet sich ein abgezäuntes Stück Weide.

Oft umgibt ein Erd- oder Steinmäuerchen den gesamten Besitz. An diesem Ort spielt sich das alltägliche Leben der Wikinger ab.

5. Einen Stichwortzettel erstellen

Auf einem Stichwortzettel kannst du dir wichtige Punkte zu den Abschnitten notieren. Damit deine Stichworte übersichtlich bleiben, setze ein Aufzählungszeichen davor.

1. – Wikinger siedeln auf flachem Land
 – einzelne Familien oder Dorfgemeinschaft
2. Gehöft = boer
 – Wohnhaus – Kornkammer
 – Ställe – Schmiede
3. Besitz ist verbunden durch Stein- oder Holzwege
4. – Mauer um den Besitz
 – Treffpunkt der Wikinger

6. Eine Skizze oder eine Grafik zu einem Text erstellen

Manche Texte enthalten viele Informationen. Um diese Informationen
zu sammeln, kannst du eine Skizze oder eine Grafik dazu erstellen.
So verstehst du den Text besser.

Su und Salome gehen in den Zoo.
Beide wollen das Eisbärbaby sehen.
Eine von beiden möchte zu den Pinguinen und den Delfinen.
Die andere möchte sich lieber die Papageien und Flamingos ansehen.
Su findet Flamingos langweilig, zu den Papageien möchte sie aber unbedingt.

Su — Pinguine
    Delfine
    Eisbärbaby — Salome
    Papageien
    Flamingos

Su: Pinguine, Delfine, Eisbärbaby, Papageien
Salome: Eisbärbaby, Papageien, Flamingos

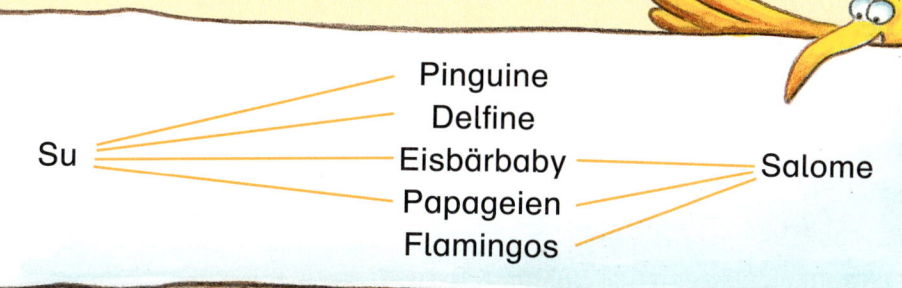

	Pinguin	Delfin	Eisbärbaby	Papagei	Flamingo
Su	✔	✔	✔	✔	✘
Salome	✘	✘	✔	✔	✔

7. Sinnbetont lesen

Beim Vorlesen musst du an einigen Stellen Pausen machen,
damit dein Text für die Zuhörer verständlich wird.
Mache nach jedem Komma eine kurze Pause – und immer,
wenn ein Satz zu Ende ist, eine längere Pause – –.

„Kommst du morgen wieder?", – fragte ich ihn. – –
Ich spürte, – wie mein Kopf rot wurde vor Aufregung. – – Das war ein ziemlich
schlauer Test, – fand ich. – – Echte Freunde haben immer füreinander Zeit. – –
Sie wollen möglichst viele schöne Dinge miteinander erleben. – – Wenn Oskar
jetzt nein sagte … – –
Er guckte mich zögerlich an, – wie etwas, – das im Regal im Supermarkt
vor ihm lag und von dem er nicht sicher war, – ob er es wirklich kaufen
wollte. – – Er kratzte sich am Arm. – – Er zupfte an seinem Ansteckflieger. – –
Er knabberte mit seinen großen Zähnen auf der Unterlippe herum. – –
„Eigentlich", – sagte er dann, – „habe ich morgen schon was vor. – – Das kann
den ganzen Tag dauern." – –
Fast konnte ich hören, – wie mein Herz auf den Dachfliesen aufschlug. – –
Aber nur fast. – – Im letzten Moment gab Oskar sich einen Ruck. – –
„Das kann ich aber auch später erledigen, – schätze ich", – sagte er schnell. – –

*Nicht so schnell;
mach mal 'ne Pause.*

8. Aussagen mit Textstellen belegen

Der Mond ist im Weltall unser nächster Nachbar.
Wir bezeichnen ihn auch als unseren Satelliten,
weil er sich um die Erde dreht.
Der Mond entstand wahrscheinlich, als ein Kleinplanet
5 vor 3,3 Milliarden Jahren auf die noch glühende Erde aufschlug.
Er riss riesige Gesteinsmengen ins Weltall,
aus denen schließlich der Mond hervorging.
Ganz am Anfang bestand der Mond
aus geschmolzenem Gestein.
10 Als er langsam abkühlte, bildete sich außen
eine harte Kruste.
Der Mond ist eine trockene, unbelebte Welt,
die von keiner Lufthülle umgeben ist.
Amerikanische Astronauten landeten 1969 auf dem Mond.

der Kinderbrockhaus

Wenn du Fragen zu einem Text beantwortest, gib die entsprechende
Textstelle dazu an:

1. Warum bezeichnen wir den Mond auch als unseren Satelliten?
   Wir bezeichnen den Mond als unseren Satelliten, weil er sich
   um die Erde dreht.
   Zeile 2/3

2. Wann ist der Mond entstanden?
   Der Mond entstand wahrscheinlich, als ein Kleinplanet
   vor 3,3 Milliarden Jahren auf die noch glühende Erde aufschlug.
   Zeile 4/5

3. War schon mal ein Mensch auf dem Mond?
   Ja, im Jahr 1969 landeten amerikanische Astronauten auf dem Mond.
   Zeile 14

Diese Methoden kennst du schon aus Klasse 2.

9. Wie lerne ich Gedichte auswendig?

- Lies das Gedicht sehr oft durch.
- Stell dir das Gedicht in Bildern vor.
- Lies erst einen Teil oder die erste Strophe laut vor.
  Lerne nur diesen Teil auswendig.
  Decke den Teil, den du gerade lernst, mit einem Papier ab.
- Lerne so das ganze Gedicht in kleinen Schritten auswendig.

Was dir noch helfen kann, probier doch mal aus:
- Male zu den einzelnen Strophen.
- Lerne die Strophen oder Verse an verschiedenen Orten
  (vor dem Pult, vor der Tafel, vor dem Regal, …).
- Nimm das Gedicht auf Kassette auf und höre es dir immer wieder an.
- Überlege dir passende Musik oder Geräusche zu dem Gedicht.
- Schreibe das Gedicht in Schönschrift auf ein Zeichenblockblatt und
  gestalte einen Rahmen drum herum.

10. Wie lesen wir mit verteilten Rollen?

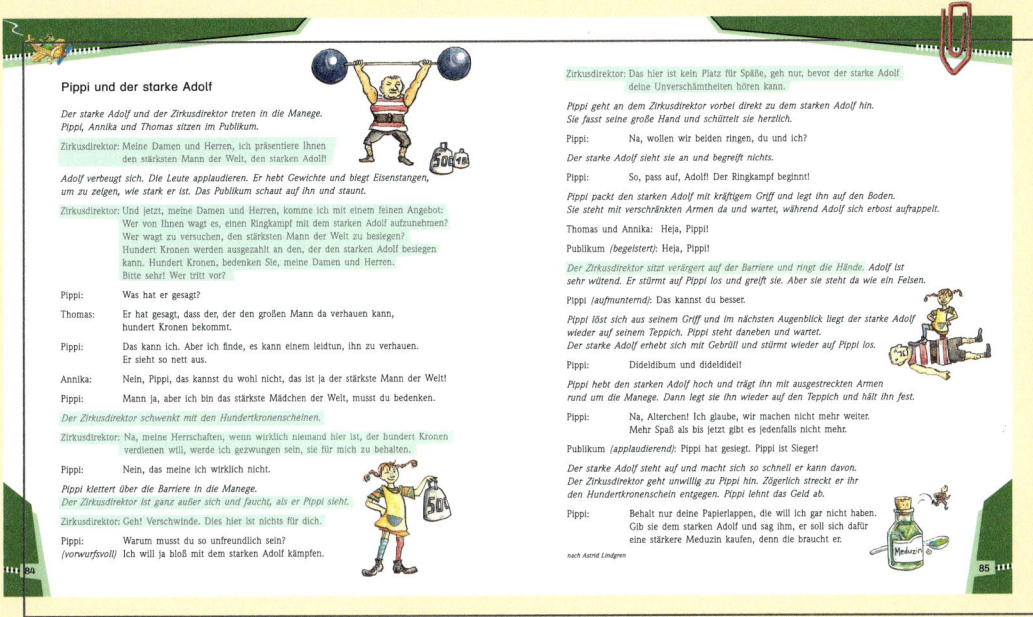

1. Sucht euch eine Person aus, die ihr vorlesen möchtet:
   Zirkusdirektor, Pippi, Thomas oder Annika.
2. Bu möchte den Zirkusdirektor lesen. Er stellt sich genau vor,
   was der Zirkusdirektor tut und sagt.
3. Nun unterstreicht er mit seiner Lesefolie,
   was er sagen muss.
4. Er versucht zu lesen,
   wie der Zirkusdirektor
   sprechen würde.
5. Dann übt er den Text
   mit den Kindern,
   die die anderen Rollen
   übernommen haben.

Anhang

Textauszüge aus Kinderbüchern mit Ganzschriftempfehlung

„Mut für Drei" von Bart Moeyaert. (S. 8–9)
„Josh ist mein Freund" von Sigrid Zeevaert. (S. 12–13)
„Der kleine Herr Paul mag Bücher" von Martin Baltscheit. (S. 26–27)
„Ein Pferd namens Milchmann" von Hilke Rosenboom. (S. 44–53)
„Karla, Sengül und das Fenster zur Welt" von Nikola Huppertz. (S. 60–61)
„Dr. Proktors Zeitbadewanne" von Jo Nesbø. (S. 72–73)
„Großvater und die Wölfe" von Per Olov Enquist. (S. 86–88)
„Wickie und die starken Männer" von Runer Jonsson. (S. 116–117)
„Ronja Räubertochter" von Astrid Lindgren. (S. 158–159)
„Viel los bei uns in Ammerlo" von Antonia Michaelis. (S. 170–171)

Quellennachweis

Aesop: *Der Löwe und die Mücke* aus: Fabeln von
  Dimiter Inkiow, Lentz Verlag, München 1999. (S. 98-99)
Adolf, Arnold: *Straßen-Musik* aus: Der beste Hund der Welt
  von Sharon Creech, Fischer Verlag, Frankfurt 2004.
  (S. 32-33)
Andersen, Hans Christian: *Wenn man sich von den
  Bergen entfernt ...* aus: Worte der Freundschaft, hrsg.
  von Claudia Stein, Arena Verlag, Würzburg 2005. (S. 4)
  Zwölf mit der Post nach der Bearbeitung des bayrischen
  Rundfunks 1969. (S. 138-139)
Anton, Martin: *Eine schöne Geschichte* aus: Großer Ozean
  hrsg. von Hans-Joachim Gelberg, Beltz Verlag,
  Weinheim und Basel 2000. (S. 41)
Auer, Martin: *Zufall* aus: „Überall und neben dir"
  Gedichte für Kinder „Sabine", hrsg. von Hans-Joachim
  Gelberg, Beltz Verlag, Weinheim und Basel 1986. (S. 7)
Baltscheit, Martin: *Der kleine Herr Paul* (Auszug),
  Altberliner Verlag, Leipzig und München 2006. (S. 26-27)
Berlin – Hauptstadt von Deutschland aus: Karlchen
  Krabbelfix: Berühmte Städte. Die Welt auf einen Blick
  von Anke Nixdorf und Christina Drenkelfort,
  Xenos Verlag, Hamburg 2006. (S. 30-31)
Berner, Rotraut Susanne: *Rotkäppchen* aus: Rotraut
  Susanne Berners Märchencomics, Verlagshaus
  Jacoby & Stuart, Berlin 2008. (S. 110-113)
Boie, Kirsten: *Wir feiern ein Gewitterfest* aus: Sommer
  im Möwenweg, Oetinger Verlag, Hamburg 2002.
  (S. 166-167)
Bolliger, Max: *Worüber wir staunen* aus: Der bunte
  Ferienkoffer von Keusch-Jakob, Verlag Heinrich
  Ellermann KG, München 1994. (S. 126)
Bonotaux, Gilles: *Wir sind die Stechmücken – nicht
  kratzen!* Aus: Von wegen Mistviecher, moses Verlag,
  Kempen 2008. (S. 100)
Borlik, Michael: *Achtung, Knoblauchbomben* aus:
  Codewort Risiko, Die Nacht der Vampire, Thienemann
  Verlag, Regensburg 2009. (S. 82-83)
Bull, Bruno Horst: *Vom närrischen Till* © beim Autor.
  (S. 106)
Busch, Wilhelm: *Man erwirbt keine Freunde ...* aus:
  Worte der Freundschaft, hrsg. von Claudia Stein, Arena
  Verlag, Würzburg 2005. (S. 4)
Creech, Sharon: *Straßen-Musik* aus: Der beste Hund
  der Welt von Sharon Creech, Fischer Verlag,
  Frankfurt 2004. (S. 32-33)
Dehmel, Paula: *Ich bin der Juli* aus: Das grüne Haus,
  Verlag Hermann Schaffstein, Köln 1907.
Didier, Claire: *Die Welt ist voller Löcher* (Auszug), Verlag
  Friedrich Oetinger, Hamburg 2007. (S. 107)
Dumon Tak, Bibi: *Die Kakerlake* aus: Kuckuck, Krake,
  Kakerlake. Das etwas andere Tierbuch,
  Berlin Verlag / Bloomsbury, Berlin 2009. (S. 101)
Ende, Michael: *Ein Schnurps grübelt* aus: Das Schnurp-
  senbuch, Thienemann Verlag, Stuttgart und Wien 1979.
  (S. 127)
  Momo bei Meister Hora im Nirgend-Haus aus: Momo,
  Thienemann Verlag, Stuttgart 1973. (S. 122-125)

Wie Piraten Briefe schreiben aus: Jim Knopf und
  die wilde 13, Thienemann Verlag, Stuttgart 1990.
  (S. 20-21)
Enquist, Per Olov: *Großvater in Gefahr* aus: Großvater
  und die Wölfe, Hanser Verlag, München 2008. (S. 86-88)
Fröhliche Spinne/Hungernde Spinne/Giftigste Spinne
  aus: Lebensraum Erde, Dein Spiegel 01/2009. (S. 97)
Glatz, Helmut: *Weil ich bin* aus: Überall und neben dir,
  Gedichte für Kinder hrsg. von Hans-Joachim Gelberg,
  Beltz Verlag, Weinheim und Basel 1986. (S. 7)
Große-Oetringhaus, Hans-Martin: *Jogan in der großen
  Stadt* aus: Jogan haut ab, terres des hommes,
  Osnabrück 2002. (S. 37-39)
Güll, Friedrich: *Nebel* aus: Die schönsten Kinder-
  gedichte, Aufbau-Verlag, Berlin 2003. (S. 144)
Guggenmos, Josef: *Viele Blätter* aus: Apfel, Nuss
  und Schneeballschlacht hrsg. von Rotraut
  Susanne Berner, Dtv, München 2006. (S. 152)
Haele van, Jeroen: *Die stille See* (Auszug),
  Berlin Verlag / Bloomsbury, Berlin 2006. (S. 24)
Halbey, Hans Adolf: *Kommt ein Tag in die Stadt* aus:
  Die Stadt der Kinder hrsg. von Hans-Joachim Gelberg,
  Beltz Verlag, Weinheim und Basel 1999. (S. 28)
  Papas Pumpernickelpause aus: Pampelmusensalat, Beltz
  Verlag, Weinheim und Basel 1965. (S. 58)
Herold, Gottfried: *Erfindung* aus: Komm wir woll'n im
  Regen gehen, Kinderbuch-Verlag, Berlin 2000. (S. 92)
Hebbel, Friedrich: *Herbstbild* aus: Rolf Krenzers
  Geschichtenbuch für die ganze Familie hrsg. von Rolf
  Krenzer, Herder Verlag, Freiburg 1994. (S. 142)
Hecker, Joachim: *Gibt es eine Geheimschrift?* aus: Das
  Haus der kleinen Forscher – Spannende Experimente
  zum Selbermachen, Rowohlt Verlag, Reinbek bei Ham-
  burg 2007. (S. 71)
Hohler, Franz: *Der Granitblock im Kino* aus: Das große
  Buch - Geschichten für Kinder, Carl Hanser Verlag,
  München 2009. (S. 108)
  Wo die Kälte herkommt aus: 24 Geschichten zur
  Winterzeit von Kirsten Boie u. a., Esslinger, Stuttgart
  2009. (S. 153)
Hohmann, Rainer: *Mein Drachen* aus: Rolf Krenzers
  Geschichtenbuch für die ganze Familie hrsg. von Rolf
  Krenzer, Herder Verlag, Freiburg 1994. (S. 140)
Hula, Saskia: *Letzte Rettung Onkel Theo* aus: Mamas
  Liste von Saskia Hula, Dachs Verlag, Wien 2006.
  (S. 56-57)
Huppertz, Nikola: *Karla, die Hexe und Vanilleeis mit
  Himbeersoße* aus: Karla, Sengül und das Fenster zur
  Welt, Gabriel Verlag, Stuttgart 2009. (S. 60-61)
Jatzek, Gerald: *Wir lernen Ächzpengboingisch* aus:
  Der Lixelhix - Buchstabenabenteuer in Geschichten, Ge-
  dichten und Spielen, Jugend & Volk, Wien und München
  1986. (S. 18)
  Plärrgeister und Sauertöpfe aus: Der Lixelhix - Buchsta-
  benabenteuer in Geschichten, Gedichten und Spielen,
  Jugend & Volk, Wien-München 1986. (S. 59)
Jansson, Tove: *Herbstlied* aus: Herbst im Mumintal,
  Arena Verlag, Würzburg 2006. (S. 145)

Jonsson, Runer: *Wickie und das Drachenschiff* aus: Wickie und die starken Männer, © Verlag Heinrich Ellermann GmbH, Hamburg 2005. (S. 116-117)

Kleberger, Ilse: *Hausboote in China* aus: Erzähl mir von Melong. Geschichten über Kinder aus fremden Ländern von Ilse Kleberger, Patmos Verlag, Düsseldorf 1997. (S. 34-35)

Kreft, Marianne: *Pauline* (Original „Sabine") aus: „Überall und neben dir" Gedichte für Kinder hrsg. von Hans-Joachim Gelberg, Beltz Verlag, Weinheim und Basel 1986. (S. 6)

Kreidolf, Ernst: *Nebel* aus: Gedichte in der Grundschule hrsg. von Manfred Reichgeld, Oldenbourg Verlag, München 1993. (S. 144)

Kruse, Max: *Zeit-Wörter* aus: Die Stadt der Kinder hrsg. von Hans-Joachim Gelberg, Beltz Verlag, Weinheim und Basel 1999. (S. 115)

Krüss, James: *Mauseballädchen* aus: Mein Urgroßvater, die Helden und ich, Friedrich Oetinger Verlag, Hamburg 2009. (S. 79)
Tierweihnacht aus: Ach, du liebe Zeit! Hrsg. von Heinz Brand, Lappan Verlag, Oldenburg 2007. (S. 149)
Wer erzieht den kleinen Elefanten? Aus: Marabu und Känguruh. Die schönsten Tiergedichte hrsg. von James Krüss und Katrin Jockusch, Gerstenberg Verlag, Hildesheim 2006. (S. 95)

Labbé, Brigitte/Puech, Michael: *Ist „gerecht" immer „gleich"?* aus: Was verbindet die Welt, Loewe Verlag, Bindlach 2005. (S. 135)

Langen, Annette: *Felix trifft den Nikolaus* aus: Weihnachtsbriefe für Felix. Coppenrath Verlag, Münster 1997. (S. 146-147)

Lerch, Joachim/Löwenberg, Ute: *Gestatten, Armstrong* aus: Die kleinen Weltraumforscher. Eine Abenteuergeschichte mit Experimenten aus dem Science House. Herder Verlag, Freiburg 2009. (S. 74-75)
Wie funktioniert eine Brauserakete? aus: Die kleinen Weltraumforscher. Eine Abenteuergeschichte mit Experimenten aus dem Science House. Herder Verlag, Freiburg 2009. (S. 76-77)

Lind, Åsa: *Denken üben* aus: Mehr von Zackarina und dem Sandwolf, Beltz und Gelberg, Basel 2005. (S. 136-137)

Lindgren, Astrid: *Der Frühlingsschrei* aus: Ronja Räubertochter, Oetinger Verlag, Hamburg 1982. (S. 158-159)
Pippi und der starke Adolf nach: Pippi Langstrumpf Verlag Friedrich Oettinger, Hamburg 1970 (als Theaterstück umgeschrieben). (S. 84-85)

Lobel, Arnold: *Das Kamel tanzt* aus: Das Krokodil im Schlafzimmer, Lappan Verlag, Oldenburg, © für die deutsche Übersetzung Hildegard Krahe. (S. 109)

Lornsen, Boy: *Floh und Elefant* aus: Der Tintenfisch Paul Oktopus, Boje Verlag, Köln 2009. Verlag, München und Wien 2005. (S. 93)

Maar, Paul: *Land auf dem Sonntag* aus: Jaguar und Neinguar von Paul Maar, Verlag Friedrich Oetinger, Hamburg 2007. (S. 22)

Maiwald, Peter: *Der Papa ist die Arbeit los* aus: Es hüpft in meinem Kopf herum von Manfred Mai, Dtv, München 2007. (S. 58)

Malmberg, Gertrud: *„Eine" beste Freundin* aus: Eine Hexe in unserem Haus" von Gertrud Malmberg, Verlag St. Gabriel, Mödling-Wien 1993. (S. 14)

Martial: *Dass ich dir neu noch bin …* aus: Worte der Freundschaft, hrsg. von Claudia Stein, Arena Verlag, Würzburg 2005. (S. 4)

Michaelis, Antonia: *Viel los bei uns in Ammerlo* (Auszug), Loewe Verlag, Bindlach 2005.

Moeyart, Bart: *Montag* aus: Mut für drei von Bart Moeyaert, Carl Hanser Verlag, München und Wien 2008. (S. 8-9)

Morgenstern, Christian: *Der Aromat* aus: Die schönsten Kindergedichte ausgewählt von Max Kruse, Aufbau Verlag, Berlin 2003. (S. 70)
Wenn es Winter wird aus: Gedichte in einem Band hrsg. von Reinhardt Habel, Insel Verlag, Frankfurt 2003.

Mörike, Eduard: *Septembermorgen* aus: Rolf Krenzers Geschichtenbuch für die ganze Familie hrsg. von Rolf Krenzer, Herder Verlag, Freiburg 1994. (S. 142)

Müller-Mees, Elke: *Der Streit um Kaisers Bart* aus: Kindertheater in der Weihnachtszeit, Urania, Freiburg 2003. (S. 150)

Neie, Rosemarie: *Muttertag* aus: Es war so lange Tag hrsg. von Liselott Musil, Auer Verlag, Donauwörth 1971. (S. 163)

Nesbø, Jo: *Doktor Proktors Zeitbadewanne* (Auszug), Arena Verlag GmbH, Würzburg 2009. (S. 72-73)

Platt, Richard: *Außer Atem* aus: Mount Everest, Expeditionen zum höchsten Gipfel der Welt von Richard Platt übersetzt von Cornelia Panzacchi, Gerstenberg Verlag, Hildesheim 2000. (S. 88)
Auf den Gipfel des Mount Everest aus: Die Großen Abenteurer, Dorling Kindersley Verlag, Starnberg 2000. (S. 89)

Punkt, Punkt, Komma, Strich … aus: Wir zeichnen Tiere von Ann H. Davidow und James Krüss, Boje-Verlag, Köln 2007. (S. 91)

Quinkenstein, Lothar: *Stadtrundgang* aus: Hofkonzert. Gedichte für Kinder, Selbstverlag, Poznan 2005. (S. 29)

Rassmus, Jens: *Der Elefant hat schlechte Laune* aus: Der karierte Käfer, Residenz Verlag, Salzburg 2007. (S. 96)

Rechlin, Eva: *In dieser Minute* aus: So viele Tage wie das Jahr hat. 365 Gedichte für Kinder und Kenner gesammelt und herausgegeben von James Krüss, Sigbert Mohn Verlag 1959. (S. 121)

Riesige Spinne aus: Sylter Rundschau, Nachrichten für Kinder vom 22.10.2009. (S. 97)

Ringelnatz, Joachim: *Unter Wasser Bläschen machen* aus: Kinder-Verwirr-Buch, Ernst Rowohlt Verlag, Berlin 1931. (S. 70)
Die Feder aus: Ringelnatz für Kinder ausgewählt von Peter Härtling, Insel Verlag, Frankfurt am Main und Leipzig 2006. (S. 92)

Rosenboom, Hilke: *Montagmorgen, ein Pferd taucht auf/ Frühstück für ein Ungeheuer/ Ein Pferd namens Milch mann* aus: Ein Pferd namens Milchmann, Carlsen Verlag, Hamburg 2005. (S. 46, 48-53)

Ruck-Pauquèt, Gina: *Der kleine Zauberer und die Schneeflocken* aus: Wir warten auf's Christkind hrsg.

von Kristina Franke, Coppenrath, Oldenburg 1995.
(S. 154-155)

Scheffler, Ursel: *Flunkerfranz* aus: Leselöwen Osterge-
schichten, Loewe Verlag, Bindlach 2001. (S. 162-163)

Schössow, Peter: *Gehört das so?! Die Geschichte von Elvis*,
Carl Hanser Verlag, München und Wien 2005.
(S. 128-129)

Schreiber-Wicke, Edith: *König Wirklich Wahr* (Auszug, ge-
kürzt), Thienemann Verlag, Augsburg 2007. (S. 130-132)

Schubiger, Jürg: *Das dickste Kleid* aus: Als die Welt
noch jung war, Beltz Verlag, Weinheim 1996. (S. 105)
Verschiedene Schweine aus: Als die Welt noch jung war,
Beltz Verlag, Weinheim 1996. (S. 19)

Schwarz, Regina: *Verwandte* aus: Das große Jahrbuch:
Meine Familie, deine Familie. Velber Buchverlag, Frei-
burg 2006. (S. 54)
Wo man Geschenke verstecken kann aus: Ach, du liebe
Zeit! Hrsg. von Heinz Brand, Lappan Verlag, Oldenburg
2007. (S. 146)

Schweiggert, Alfons: *Zehn Ostereier* aus: Das große Feste-
und Feierbuch hrsg. von Franz-Xaver Riedl und Alfons
Schweiggert, Auer Verlag, Donauwörth 1990. (S. 161)

Seidel, Heinrich: *Frühling* aus: Glockenspiel. Gedichte.
Band VII der gesammelten Schriften, Verlag A. G.
Liebeskind, Leipzig 1897. (S. 161)

Sichelschmidt, Gustav: *Lustiger Mond* aus: Die Wunder-
tüte, alte und neue Gedichte für Kinder hrsg. von Hans
Jürgen Kliewer, Reclam Verlag, Stuttgart 1989. (S. 133)

Schubert, Ulli: *Der größte Erfinder aller Zeiten* aus:
Ulli Schubert: Leselöwen-Erfindergeschichten,
Loewe Verlag, Bindlach 2007. (S. 68-69)

Solotareff, Gregoire: *Hans und die Vorratshaltung*
aus: Herbstgeschichten hrsg. von Gregoire Solotareff
aus dem Französischen von Werner Leonhard,
Gerstenberg Verlag, Hildesheim 2001. (S. 143)

Sprachbastelbuch: Liebesseufzer eines Walfischfräuleins
aus: Das Sprachbastelbuch von Hans Domenego, Ernst
A. Ekker, Vera Ferra-Mikura, Friedl Hofbauer, Hilde Leiter,
Mira Lobe, Lene Mayer-Skumanz, Christine Nöstlinger,
Brigitte Peter, Käthe Recheis, Renate Welsh, Gerri Zotter,
Verlag Volk und Wissen, Wien und München 1975. (S. 22)

Steffensmeier, Alexander: *Entdecke den Bedarf* aus:
Gute Idee! Erfinder verändern die Welt, Patmos Verlag/
Sauerländer, Düsseldorf 2007. (S. 67)

Steinhöfel, Andreas: *Die Freundschaftsprobe* aus:
Rico, Oskar und die Tieferschatten, Carlsen Verlag,
Hamburg 2008. (S. 11)
Karotten im Weltall aus: Dirk und ich, Carlsen Verlag,
Hamburg 1991/2008. (S. 63-65)

Tierreport: Klein Paulchen hat einen Riesen-Beschützer
aus: Freizeitrevue vom 08. Juli 2009, Burda Verlag. (S. 10)
*Affenmädchen Rishi sorgt wie eine Mutter für zwei Leo-
Babys* aus: Freizeitrevue im April 2009, Burda Verlag.
(S. 104)

Tier-Witze aus: Die besten Kinderwitze. Da lachen
selbst *Piraten* hrsg. von Philip Kiefer, Verlagsgruppe
Random House, München 2008. (S. 90)

Uhland, Ludwig: *Siegfrieds Schwert* aus: Mein Urgroßvater, die Helden und ich von James Krüss, Friedrich
Oetinger Verlag, Hamburg 2009. (S. 80)

Vaginsky, Ido: *Welch ein Frelch* aus: Welch ein Frelch!
Kopfstandbilder für kleinere und größere Menschen,
edelkids GmbH, Hamburg 2009. (S. 103)

Welsh, Renate: *Die Sanduhr* aus: Das Sprachbastelbuch
hrsg. von Hans Domenego u. a. G&G Buchvertriebsge-
sellschaft mbH, Wien 2005. (S. 120)

Wiesner, Henning/Müller, Walli/Mattei, Günter: *Ist der
Elefant dickhäutig?* Aus: Müssen Tiere Zähne putzen?
Carl Hanser Verlag, München 2005. (S. 94-95)

Wikinger nach: Bunte Wissenswelt für Kinder. Die
Wikinger von Emilie Beaumont und Gunther Ludwig,
tandem Verlag, Königswinter o. J. (S. 118-119)

Wißkirchen, Christa: *Der Mückenschwarm* aus: Keine
Maus zu Haus von Christine und Heinz Brand,
Ravensburger Verlag, Ravensburg 2002. (S. 93)

Wittkamp, Frantz: *Das kleine Buch* aus: Ich glaube, dass
du ein Vogel bist, Beltz Verlag, Weinheim und Basel
1987. (S. 40)

Zeevaert, Sigrid: *Was weiß der schon?* Aus: Jan und Josh
oder wie man Regenwürmer zähmt, Gerstenberg Verlag,
Hildesheim 2008. (S. 12-13)

Unbekannte Verfasser/innen

*Der Spaßvogel und die Kaninchensuppe, ein Märchen
aus Ligurien* aus: Was Kinder gerne hören hrsg. von Theo
Riegler, Südwest Verlag, München 1965. (S. 134)
Dunkel war's, der Mond schien helle (S. 102), überliefert
Kleine Missverständnisse (S. 23)
Neujahrswünsche in alten Zeiten (S. 152), Volksgut
Rätsel (S. 40)
Redensarten (S. 91)

Originalbeiträge

Katharina Berg: *Die Gebärdensprache* (S. 25);
Alte Spiele, die heute noch Spaß machen (S.120);
Kindersommer (S. 165)

Heike Oberstadt: *Familienregeln* (S. 62);
Kinder als Erfinder (S. 66)

Gerburg Kirsch: *Wer ist ein Held oder eine Heldin?* (S. 78);
Superman (S. 81); *Die Basler Fasnacht* (S. 156);
Die Reise ins Karnevalsland (S. 157)

Claudia Stiebritz: *Die Buchauswahl* (S. 44);
Hilke Rosenboom (S. 45); *Lesetagebuch von
Malte Taler; Ich weiß jetzt, warum …* (S. 50)

Monika Wilhelmi-Zäh: *Mumbai – eine Stadt in Indien* (S. 36);
Warum Menschen kein Dach über dem Kopf haben
(S.36); *Einleinerdrachen – Mehrleinige Drachen –
Lenkdrachen* (S. 141); *Rondell, Avenidas, Elfchen*
(S. 168)

Bildnachweis

S. 4: ullstein bild-Oskar Poss

S. 5: duncan1890/iStockphoto

S. 9: Bart Moeyaert, Mut für drei – Geschichten zum ersten Lesen. Übersetzt von Mirjam Pressler. Mit Illustrationen von Rotraut Susanne Berner © 2008 Carl Hanser Verlag München

S. 10: S. Rollbuehler & U.J. Powers, freie Journalisten

S. 13: Sigrid Zeevaert: Jan und Josh oder wie man Regenwürmer zähmt, Beltz & Gelberg in der Verlagsgruppe Beltz, Weinheim und Basel

S. 36: Frédéric Soltan/Corbis (o.), sinopictures/Brigitte Hiss (u.)

S. 44: Ein Pferd namens Milchmann, Carlsen Verlag, Barbara Wendelken, Oskar unter Verdacht, Hase und Igel Verlag GmbH, Garching b. München, Eoin Colfer, Tim und das Geheimnis von Knolle Murphy, Beltz&Gelberg in der Verlagsgruppe Beltz, Weinheim und Basel, Rudolf Herfurtner: Der wasserdichte Willibald. © der Coverillustration von Oliver Wenniges: 2002 Deutscher Taschenbuch Verlag, München

S. 45: Volker Hinz

S. 50: Das große Pferdelexikon von A bis Z von Edel Marzinek-Späth und Helmut Ball, Schneiderbuch, EGMONT Verlagsgesellschaften

S. 61: Nikola Huppertz, Karla, Sengül und das Fenster zur Welt, Thienemann Verlag

S. 71: Joachim Hecker, Das Haus der kleinen Forscher. Spannende Exerimente zum Selbermachen, Rowohlt Verlag Berlin

S. 73: Jo Nesbø, Doktor Proktors Zeitbadewanne, Arena Verlag

S. 81: Cinetext Bildarchiv (o.), Art Directors & TRIP/Alamy (u.)

S. 88: Per Olov Enquist, Großvater und die Wölfe. Aus dem Schwedischen von Wolfgang Butt. Mit Illustrationen von Leonard Erlbruch © 2003 Carl Hanser Verlag München

S. 89: ullsteinbild

S. 91: Ann H. Davidow, Wir zeichnen Tiere. Mit Versen von James Krüss. Boje Verlag Köln. Original Verlag Grosset and Dunlap, Penguin Putnam Books for Young Readers

S. 94: blickwinkel/H. Schmidbauer

S. 95: Seatops

S. 97 Darlyne Murawski, Arlington, Massachusetts, USA (o.), panthermedia.net / Reiner Poess-nicker (m.), Biosphoto/Weimann Peter (u.)

S. 100/101: Bonotaux/Kirsten Heiniger (Übersetzung), Von wegen Mistviecher, Krabbeltiere erklären Dir ihre Welt, Moses Verlag, Kempen, Original Verlag: Editions MILAN

S. 103: Ido Vaginsky, Welch ein Frelch. Kopfstand-bilder für kleinere und größere Menschen. Edelkids GmbH

S. 104: animal.press

S. 107: Claire Didier, Roland Garrigue, Die Welt ist voller Löcher, Oetinger Verlag, Hamburg

S. 110-113: Rotraut Susanne Berner, Märchencomics, Jacoby & Stuart, Berlin

S. 114/115: Antje Damm, Alle Zeit der Welt. Anlässe, um miteinander über Zeit zu sprechen. © 2007, Moritz Verlag, Frankfurt am Main

S. 116/117: Runer Jonsson, Wickie und die starken Männer. Ellermann-Verlag

S. 120: Gerri Zotter/Mira Lobe/Renate Welsh: Die Sanduhr. Aus: Das Sprachbastelbuch. Hg. von Hans Domenego u.a. G&G Buchvertriebsge-sellschaft mbH, Wien 2005

128/129: Illustrationen von Peter Schössow aus Gehört das so ??!, Hanser Verlag

S. 130-132: Edith Schreiber-Wicke/Carola Holland: König Wirklich Wahr, Thienemann Verlag

S. 133: Foto First Light/F1online Calvin und Hobbes, Immer mit der Ruhe, Das 4. Album, Wolfgang Krüger Verlag, 1991

S. 141: panthermedia.net/Ron Chapple (o.), ALIMDI. NET/Klaus-Peter Wolf (m.), altan guvenni - Fotolia.com (u.)

S. 142: Doug Taylor/Alamy

S. 144: imagebroker/Alamy

S. 147: Annette Langen, Constanze Droop, Weih-nachtsbriefe von Felix. Ein kleiner Hase besucht den Weihnachtsmann. Coppenrath Verlag Münster

S. 152: by-studio - Fotolia.com (o.), cjaphoto/iStock-photo (u.)

S. 156: mauritius images/Prisma (o.), Schapowalow/G. Fischer (u.)

S. 159: Astrid Lindgren, Ronja Räubertochter, Oetinger Verlag, Hamburg

S. 160: Oil Painting of an Orchard in Spring by Pierre Auguste Renoir © The Barnes Foundation, Meri-on Station, Pennsylvania/CORBIS

S. 164: Vincent van Gogh (1853-1890) Mittagsstunde oder Garten hinter einem Haus, 1888 Öl auf Leinwand, 68,2 x 54,5 cm, Privatbesitz. © 2010 Kunsthaus Zürich. Alle Rechte vorbe-halten.

S. 165: Ikon Images/Corbis

S. 171: Antonia Michaelis: Viel los bei uns in Ammer-lo, Loewe Verlag, Bindlach

S. 174: Wolfgang Pauls: Kommisar Spaghetti und das Schwein im Lehrerzimmer © der Coverillustration von Hans-Jürgen Feldhaus: 1998. Deutscher Taschenbuch Verlag, Mün-chen

Inhaltsverzeichnis

Ich allein und wir zusammen

Wortsalat und Sprachenmix

Straßenlärm und Häusermeer

Lesemops und Bücherwurm

Familienband und Geschwisterzoff

Bastelspaß und Technikwunder

Abenteuerlust und Heldentat

Dickhäuter und Plagegeister

Schlitzohren und Sonderlinge

Immerzu und nimmermehr

Tagträumer und Lebensfragen

Schneemänner und Sandburgen

Lesebuchreise mit Tipps und Tricks

Anhang

Karibu Lesebuch 3

erarbeitet von
Katharina Berg, Gerburg Kirsch, Heike Oberstadt,
Claudia Stiebritz, Monika Wilhelmi-Zäh

illustriert von
Rebecca Abe, Svenja Doering, Barbara Gerth, Kordula Röckenhaus,
Anke Schäfer (achdiezwei), Susanne Schulte, Henrike Wilson

westermann GRUPPE

© 2010 Bildungshaus Schulbuchverlage
Westermann Schroedel Diesterweg Schöningh Winklers GmbH, Braunschweig
www.westermann.de

Das Werk und seine Teile sind urheberrechtlich geschützt. Jede Nutzung in anderen als den gesetzlich zugelassenen Fällen bedarf der vorherigen schriftlichen Einwilligung des Verlages. Hinweis zu § 52a UrhG: Weder das Werk noch seine Teile dürfen ohne Einwilligung gescannt und in ein Netzwerk eingestellt werden. Dies gilt auch für Intranets von Schulen und sonstigen Bildungseinrichtungen.

Druck A⁶ / Jahr 2017
Alle Drucke der Serie A sind im Unterricht parallel verwendbar.

Redaktion: Corinna Hilger
Typografie, Layout und Umschlaggestaltung: Nijole Küstner
Satz und technische Umsetzung: Druck- und Medienhaus Sigert GmbH, Braunschweig
Druck und Bindung: westermann druck GmbH, Braunschweig

ISBN 978-3-14-**120913**-6